这才是清朝

鹿鼎公子◎著

6

第2版

盛世危机

中国法制出版社
CHINA LEGAL PUBLISHING HOUSE

总序

清史洋洋洒洒近三百年，三百年间怪事、奇事、惨事、恨事迭出，三百年年年都精彩，年年都有挥之不去的喜怒爱恨。整个清朝三百年，道不尽的风云爱恨。

努尔哈赤以十三副铠甲起兵，建立了后金，身后留下了无数的尸体，却最终倒在宁远城下，栽在“书生”袁崇焕手中，这是对一个暴力征服者的最大讽刺。随后，努尔哈赤诸子开始斗智斗勇，最后皇太极靠谋略成功上位。

皇太极穷其一生的精力都在与明朝对抗，不幸暴毙后，大清国的统治陷入危机，多尔衮与豪格之争最终便宜了顺治。多尔衮率领清军入关后，成为皇父摄政王，将全国军政大权操于一手，顺治完全被架空。此时，孝庄和顺治母子随时都有生命危险，危难关头，孝庄稳住多尔衮，终于使大清逃过这一劫。

顺治是个痴情天子，亲政后经常跟母亲孝庄闹不愉快，结果自己和董鄂妃双双早逝。康熙继位时年仅八岁，不过这是个早熟的孩子，也是个很有天赋的孩子，很早就懂得帝王之术。在别人还是懵懂少年时，他就已经像个猎人一样盯紧了鳌拜，除掉鳌拜之后，康熙终于有机会施展自己的雄才大略。

康熙神不知鬼不觉地除掉鳌拜，平定三藩之乱，收复台湾，荡平准噶尔，击退沙俄……

雍正在治国理念上最大限度地奉行韩非子的法家思想。乾隆是个自作聪明的皇帝，他继位后，废除雍正的严刑峻法思路，重新走康熙的路子。但乾隆并不懂康熙真正的治国精髓，结果变成了外用儒术、内用权术，所以清朝在乾隆时期开始走向衰落。

自乾隆后期，动乱纷起，尤其是白莲教起义几乎波及整个中国。到了嘉庆手中，国家元气已大伤，嘉庆虽然是个仁君，可惜终究没有先祖那份雄才。他虽然减缓了国家的衰败，但始终没能重振大清的雄风。到了道光手中，国家就更惨了，第一次鸦片战争被英国人欺负得够呛，国内的动乱更是风起云涌。

咸丰就更悲剧了，太平天国和天地会起义，全国天翻地覆。更糟的是英法联军来了，他连京城都保不住，年仅三十岁便郁郁而终。咸丰死后，朝政大权掌握在慈禧手中，国家每况愈下，虽然中途出现过洋务运动和维新变法，可惜终究是昙花一现。

清末虽然出现了曾国藩、左宗棠这样的中兴名臣，但亡局已定。最终，辛亥革命一声炮响，末代皇帝溥仪退位。

千古帝王，悠悠万事，功过自有百姓言，清朝这些事儿，就交给读者去慢慢品味吧！

序言

从嘉庆开始，清朝的皇帝就当得有些郁闷了，在乾隆眼中，嘉庆是个非常平庸的皇子。正所谓虎父无犬子，嘉庆虽然赶不上雍正、乾隆，但也有自己的优势——他特别能忍。

和珅只手遮天的时候，嘉庆对和珅点头哈腰，虽然是个嗣皇帝，但表现得完全像个傀儡。乾隆去世后，嘉庆发挥清朝帝王的传统智慧，先稳住和珅，将其与外界隔离，然后再一举拿下，抄掉和珅的家，逼迫其自尽。整个过程做得相当漂亮，光从这件事就可以看出，嘉庆并不是一个没有头脑的皇帝。

在嘉庆还是嗣皇帝的时候，白莲教就闹得风风火火，嘉庆刚掌权的时候，就致力于平定白莲教变乱。为了平定这场叛乱，嘉庆花去了两亿两白银，如果不是抄了和珅的家，光为平定这次起义，清政府的财政可能就会崩溃。

嘉庆虽然当上了皇帝，但心里一直认为自己这个皇帝当得很憋屈。他觉得自己很仁义，可为什么倒霉的事情全都让自己碰上了。先是一个疯子为了出名，在紫禁城里准备刺杀他。更可气的是，这个刺客出现后，一帮侍卫居然都吓得闪开，虽然贴身侍卫很英勇，摆平了这个刺客，但其他人的表现着实让嘉庆心寒。

这事发生后不久，天理教教徒勾结宫廷太监，在紫禁城内发动叛变。这对嘉庆的打击非常大，皇家宫苑竟也生出此等祸事。嘉庆很伤心，下了一道罪己诏，含蓄地批评了乾隆。

虽然受过不少惊吓，但嘉庆一朝大清国还算稳定，没出大的乱子。最后嘉庆在承德避暑山庄暴毙，暴毙之时电闪雷鸣。

嘉庆之后，轮到道光上台。刚开始的时候，道光还是一个非常努力非常正常的皇帝，但是后来道光就越来越有意思了，他沉沦在吝啬中无法自拔，就像守财奴一样享受着吝啬和节俭带来的满足。

道光上朝时，不论皇帝大臣，衣服上几乎都打着补丁，活脱脱就像开丐帮大会。道光的“节俭”如同一种病态的心理习惯，对治国于事无补。

事实证明，从嘉庆开始，清朝的皇帝越来越平庸，一代不如一代。第一次鸦片战争爆发后，道光饱尝了战败的屈辱，国内的局势还越来越乱，更糟糕的是帝国并没有一个合适的继承人，最糟糕的是在恭亲王奕䜣和咸丰之间，道光选择了更加平庸无能的咸丰。

自此清朝开始急剧衰落。

目录

第一章　乾隆为何选择嘉庆接班

立了永琰后，乾隆还是非常不放心，他在祭天大典的时候默默祷告："老天爷啊，帮朕把把关吧，如果皇十五子永琰是个贤君，保佑他平安幸福吧！如果他不贤，请让他短命而终吧！朕不是不爱子，只是江山社稷比父子之情更重要。"

如果儿子不贤就咒儿子死，乾隆这个祷告可谓空前绝后。

这个皇子很一般

乾隆二十五年（1760 年）正月初一，一个非常喜庆的日子，京城里到处是鞭炮声。乾隆皇帝在乾清宫广场上观看了烟火表演，他的心情正如节日一样，是非常喜庆的。执政二十余年，大清国在他的领导下迎来了盛世，他感到自豪，也感到一丝疲惫。

要治理好一个国家并不容易，这是乾隆的切身体会，他已经充分理解了父亲雍正。这些年来若非自己小心经营，国家也不会像今天这样繁荣昌盛。

乾隆思绪在飘，然而太监们已经簇拥过来，乾隆在众人的呼声中来到养心殿东暖阁。每逢节日，一定有人让乾隆题字，这已经是一种惯例了，一来乾隆书法确实不错，二来这是皇帝的一大爱好。

太监们请皇上写下一些吉祥话，乾隆蘸饱墨水，提笔写下了“开门大吉”四个字，这四个字如果给某个商人，那他就发了，有皇帝捧场，生意肯定红火。这一年，乾隆的兴致似乎特别高，他喝了点儿酒助兴，然后信笔写下了一首诗。

乾隆二十五年十月初六（1760 年 11 月 13 日），圆明园传出一阵啼哭声，皇十五子出生了。此时，乾隆正在木兰围场秋狝，当京城里的信使快马加鞭赶过来告诉乾隆皇十五子出生时，乾隆没有显出格外的欣喜，只是简单地说了一句："好的，朕知道了。"

说完之后，乾隆继续围猎。几天后，乾隆给小皇子赐名永琰。当上皇帝后，嘉庆改名颙琰，他这么做是为了避免因避讳而扰民，"永"字是个使用频率特别高的字，所以嘉庆选择了生僻字"颙"。从这一件小事就可以看出，嘉庆这个皇帝确实宅心仁厚，庙号"仁宗"名副其实。

嘉庆的母亲魏佳氏一共为乾隆生育了四个儿子、两个女儿，看在她孕育皇家子嗣有功，乾隆后来升她为皇贵妃。她去世后，乾隆又将她追封为皇后。

永琰才貌不是很出众，他还是乾隆的第十五个儿子，怎么就轮到他当皇帝了呢？

一切还得从乾隆立嫡失败说起。

立嫡之痛

即位第一年，乾隆就效法父亲雍正秘密建储。

乾隆元年（1736年）七月初二，年轻的乾隆皇帝召集总理事务大臣和九卿到乾清宫西暖阁。当着大家的面，把亲笔书写的皇太子姓名秘密封好，藏在乾清宫最高处“正大光明”牌匾的后面。

大臣们只是见证人，并不知道皇太子是谁。当时乾隆有三个儿子，皇长子永璜、皇二子永琏、皇三子永璋。都是小孩儿，看不出谁更聪明、谁更贤明。那就看他们母亲吧。永璜的生母是哲悯皇贵妃富察氏，永琏的生母是孝贤纯皇后富察氏，永璋的生母是纯惠皇贵妃苏佳氏，此时为苏嫔。永琏的生母地位固然最高，但是大清国立储的原则从来都不是立嫡。

皇太极是努尔哈赤的第八子，庶出；顺治是皇太极的第九子，庶出；康熙是顺治的第三子，庶出；雍正是康熙的第四子，庶出；乾隆是雍正的第四子，庶出。皇太极是凭借自己的实力，压倒政敌，当上皇帝；顺治是因为多尔衮和豪格两强相争，坐收渔翁之利；康熙则是因为受到了祖母孝庄文皇后的宠爱，当上皇帝；雍正是权智高超，将皇位握在手中；至于乾隆，则是因为他的哥哥们太没出息，他本人能力突出，顺理成章当上皇帝。

康熙深受汉文化影响，在立储时曾经拼命想立嫡长子，可惜最后人算不如天算，心灰意懒之后，他没再立皇太子，所以搞得雍正即位非常尴尬。

雍正发明了秘密建储制度是基于康熙朝立储的困境，但秘密建储也有不完美的地方，对于秘密继承人来说，其中的苦处只有当事人才知道。至少，乾隆体会是非常深刻的。因为秘密建储的最根本目的就是削夺太子的权力，所有皇子地位都是一样的。这样一来，很容易产生这样一个问题，就是被选定的那个人在当上皇帝之前没有特权，跟兄弟们平起平坐。结果他当上皇帝后，兄弟们难免适应不了，有时候会表现出对新皇帝的不尊重。

当皇子的日子是非常压抑的，乾隆对此感触很深。所以当他出头之后，决心废掉秘密建储制度，这可以理解，但是因为乾隆无法体会康熙的那种痛苦，所以乾隆的真实想法是像康熙那样立嫡长子，换句话说，就是重复历史。但是，作为雍正的儿子，如果一上来就废掉父亲引以为豪的秘密建储制度，这无异于不孝，乾隆还不能这么做，但他公开表示秘密建储制度只不过是权宜之计，甚至不惜冒着父亲从九泉之下跳出来的风险，说秘密建储只是无胆无识的庸主所为。

当时，大臣们已经看出皇帝倾向于公开立储，但那时大家还看不出乾隆居然想要模仿汉文化的嫡长子继承制。在汉文化的传统里，一定要立嫡子，即使不是嫡长子，也要求太子是皇后所生。这就是为什么朱棣篡位之后，不惜抛弃亲生母亲，将自己的生母说成是马皇后。如果没有这种制度文化，他有必要这样做吗？朱元璋受这种影响更深，嫡长子死后他居然让嫡长孙继承皇位，选一个嫡次子或者嫡三子也不是不可以的，但他一定要“嫡长”到底。

乾隆当时没有预料到皇帝跟太子之间是有矛盾和冲突的，若非亲历，可能很难体会，总认为到自己身上有办法化解，其他皇帝只是没处理好这个关系而已。如果这样想就错了，皇帝与太子的冲突是势力本身的冲突，跟父子关系没有太大关系。

皇帝是最高统治者，太子是未来储君。帝国的权力掌握在皇帝手中，但是太子是潜力股啊，许多在皇帝面前不得志的人肯定想到投资太子，就算太子不想结党，其周围也难免形成一个党派。对于偏向太子一派的人来说，如果皇帝刚立完太子就两脚一蹬，那就最好不过了，最少的投资可以换来最大最快的回报。可是，大多数时候，皇帝要活很多年，有的是十几年，有的是几十年。太子和他身边的人难免天天盼望皇帝死去，有这种想法，你说皇帝和太子还能和平共处吗？皇帝自然担心偏向太子的人谋害自己，而太子也会觉得皇帝猜忌自己，将来有一天会不会把自己给废掉？

互相猜忌的后果就是康熙朝发生的事情，康熙朝太子事件绝不是偶然的。

乾隆秘密立储之后，大臣们纷纷猜测谁是秘密继承人，一般认为是皇长子和皇二子，但谁也不能断定究竟是谁。

直到乾隆三年（1738 年），谜底才得以揭晓。皇二子永琏得了伤风，当时大家觉得是小感冒，也没在意。没想到不久后永琏居然病逝了。乾隆闻讯，悲痛不已，痛哭流涕，将密诏公布出来，大家才知道储位的秘密人选是永琏。

乾隆选择永琏为继承人有两个原因，一是永琏为皇后嫡生，二是雍正生前也似乎看好永琏，永琏这个名字就是雍正取的，大有让他延续帝国之意。

这道上谕发出来后，永璜和永璋非常受伤，他们终于明白自己在父亲心中的地位是次要的。如果乾隆这时候能够克制，不将密诏公布，而是等时机成熟再遴选一个合格的继承人，可能对永璜和永璋就不会有太大的打击。

永琏去世后，乾隆很长时间没有再立太子。

乾隆十二年（1747 年）除夕，就在全国人民沉浸在喜庆气氛中时，一个重大的噩耗再次降临到乾隆头上，皇七子永琮出痘而死，才不到两岁。

这次，乾隆没有像第一次那样痛哭，但他还是公布了内心的秘密，也就是永琮是他内定的继承人。永琮是皇后所生的第二个儿子，这样一来大家就知道了，原来乾隆挑继承人只会从嫡子中选。

永琮夭折后，乾隆悲痛地说："本来从来没有立元后嫡子继承大统的先例，朕打算走先人没有走过的路，求先人不能获取的福分，这是朕的错误啊！"

乾隆坚持要立嫡子，恐怕还是一种思想的偏见吧！在他看来，只有嫡子继承大统才算功德圆满。当然，乾隆的富察氏皇后确实配得上"母仪天下"这四个字。富察氏的曾祖是大清的开国功臣，家世显赫。身为皇后，她不崇尚奢侈，反而非常节俭，喜欢用通草绒花作饰品，不喜欢珠光宝气的东西。她将后宫管理得井井有条，连皇太后钮祜禄氏也对她赞扬有加。对其他妃嫔生的孩子，富察氏也极为爱护。有这样一个贤惠的皇后，乾隆非常满意，赞扬说："朕能够专心于国事，全赖皇后的帮助和支持。"

乾隆公开说过这话："选择继承人第一考虑的要素是嫡出，而不是年长。在嫡子原则上是立嫡长，而不是嫡贤。"

两个儿子先后夭折对富察氏打击非常大。乾隆十三年（1748 年），富察氏一病不起，溘然长逝。

对于富察氏之死，乾隆自然是痛不欲生，但也有一些人非常高兴，譬如乾隆的长子永璜。永璜认为，皇后去世，也就没有嫡子了，在所有兄弟中自己居长，皇位理当属于自己。永璋的想法跟永璜很接近，只是没有永璜那么快乐而已，毕竟永璜才是长子，估计皇后死了，储位也轮不到自己。但是，永璋对皇后之死漠不关心，这一点跟永璜倒是相似的。

两个皇子的心理应该说是正常的，可惜城府不深。

乾隆看到他们对皇后之死不哀且乐，将他们狠狠地臭骂了一顿。皇后丧期过后，乾隆对两人的愤怒不但没有平息，反而逐步升级。

如果只是痛骂他们，事情还有挽回的余地，他们的政治前途还是未知。但乾隆彻底断了他们的前途："大阿哥是长子，三阿哥也稍长，如果能够安分守己，至少也能做个贤王或者贝勒。可惜，你们怀有异心，不自量力，日后必定兄弟相残。"

说到这里，乾隆想起雍正年间兄弟相残的事件，突然变得歇斯底里，吼道："与其将来让你的兄弟杀你们，不如朕现在就亲手解决你们！"

乾隆当然说的是气话，但是两个皇子早已吓得魂飞魄散。乾隆的话不仅断送了两个皇子的前途，也给他们的人生蒙上了一层阴影，他们担心将来随时有可能被新君杀害。

永璜受此沉重打击后，很快就病倒了，最后一病不起。

乾隆亲自过去探望，永璜流着泪说：“儿子不孝，不能送父皇。”乾隆也悲痛万分。不久，永璜去世了。乾隆知道，永璜之死自己是有责任的。

乾隆在悲痛之余，追封永璜为定亲王，以亲王之礼安葬。随即对群臣下了一道死命令：“今后谁若是提立储之事，立即正法。”

立储爆冷门

时间到了乾隆三十八年（1773 年），此时，乾隆已经是个老人了。沉寂了这么多年，乾隆又重新提起了立储之事。他亲手写下皇子的名字，放在“正大光明”牌匾的后面，想必这时候的乾隆不得不佩服老爸雍正的智慧。

到底谁是继承人呢？这个问题像谜一样笼罩着帝国高层。

有人猜测是皇四子永珹，因为在有资格继承皇位的人中，他最年长。

有人猜测是皇十二子永璂，因为永璂的母亲是乾隆的第二任皇后乌拉那拉氏。可惜乌拉那拉氏最后被废，被废的原因正史没有记载。乾隆本人并不喜欢这个皇后，只不过太后觉得她贤惠，让乾隆立为皇后，根据一些野史的记载，乾隆生性风流，南巡的时候寻花问柳，乌拉那拉氏不满，规劝乾隆，乾隆非但不听，还出言伤害她。乌拉那拉氏心里很不满，一气之下剪掉头发，犯了大忌，乾隆认为这是乌拉那拉氏在咒自己死。

这么看来，皇十二子没有多大希望，乌拉那拉氏在乾隆三十一年（1766 年）死去，永璂的地位跟着直线下降。乾隆四十一年（1776 年），年轻的永璂抑郁而死。而且他死后，乾隆甚至都没有给他追封爵位，可见乾隆对他母亲的厌恶到了何种程度。

曾经，皇五子永琪在众皇子中享受的待遇是最好的。他生于乾隆六年（1741 年），精通满语和骑射。满语和骑射被视为清王室的看家传统，清朝历代统治者对此都非常重视，永琪能够保持满族的传统，乾隆非常欣慰，对他格外宠爱。

然而，永琪虽然喜欢骑射，但是身体不好，经常生病。乾隆三十年（1765 年），他生了一场大病，乾隆为了让他心情好起来，早点恢复健康，破格封他为荣亲王。乾隆本打算把皇位传给永琪，可惜永琪短命，在乾隆三十一年（1766 年）就病死了，也很年轻。

永琪死后，乾隆十七个儿子中还有七个是活着的，其中皇四子永珹和皇六子永瑢过继给别人，没有继承皇位的资格。余下还有五人，分别是皇八子永璇、皇十一子永瑆、皇十二子永璂、皇十五子永琰、皇十七子永璘。除永璂外，全是庶出，永璂的母亲虽然贵为皇后，但他的实际地位连庶出都比不上。所以真正可以继承皇位的只有四个人。

说实话，这四个人在乾隆看来都不是理想的人选，没有理想的，只好退而求其次，选择一个相对好一点儿的。

说实话，乾隆自己也不知道选谁好，只好用排除法，剩下的那一个就是未来的继承人了。

四个人中，最年长的永璇是个跛子，如果仅仅只是身体有缺陷，乾隆还可以容忍。关键是永璇品德上也有缺陷，他也许是一个不错的艺术家，诗写得比父亲还好，书法也相当不错，甚至还会画画。也许正因为艺术才能过于丰富才塑成了他放荡不羁的性格，在当时人的眼中，他是非常离经叛道的。

永璇喜欢游山玩水，喜欢跟文士们饮酒作乐，一副名士派头。经常丢下正事不干，擅自出游，完全没有纪律和大局观。像这样的人，乾隆不可能放心把帝国交给他。

我们再来看看永瑆吧！

永瑆比永璇更出格，如果说永璇有些放纵的话，永瑆则完全是另类。他的艺术才能比起永璇有过之而无不及，他的书法艺术在清朝三百年间可以排上前几名。有一次，永琰拿着永瑆为自己画的扇子，上面落款是“兄镜泉”，正巧乾隆看到这个扇子，好奇地问永琰：“朕什么时候有一个叫镜泉的儿子？”永琰告诉他镜泉就是永瑆，乾隆听了，叫来永瑆臭骂一顿，说他忘记了满族人的尚武习气，沾染了文人士大夫的味道。

仅凭这些，还不能判定永瑆没有继承皇位的资格。因为有一段时间，乾隆去永瑆家里非常频繁，父子关系似乎非常亲密。但是，之后乾隆就很少去他家里了。原来，永瑆的一些怪癖被他发现了，他实在受不了这个儿子。

作为一个皇子，坐拥金山银山，永瑆却非常小气。传闻有一天，他府里死了一匹马，他心疼得要命。读者可能以为永瑆爱马，其实不然，他心疼的是财产损失。他拦在自己家门口，不让别人把马拉出去埋了，执意要炖马肉吃，说这样才不算浪费，晚上请大家吃马肉。永瑆可不是想请大家吃饭，而是为了省下王府里下人们的几顿饭钱。

道光三年（1823 年），永瑆临终前拒绝别人给他洗身体，他说：“死后入土腐烂，比现在还脏，到时候你们有人替我擦洗身体吗？”

我们再来说说乾隆最小的儿子永璘，这孩子也是个怪人。

乾隆择储的时候还不到十岁，能力如何很难真正判断。不过，仅仅看他的表现，乾隆是不满意的。虽然是一个小孩子，但他从小就不爱学习，乾隆觉得他轻浮。事实证明，乾隆的判断是正确的，永璘长大后非常“不成器”。

永璘是一个游手好闲的人，他经常出宫溜达，光顾各种各样的胡同，混迹于花街柳巷。换句话说，他没什么贵族气派。对这个最小的儿子，乾隆也懒得管他，只要他开心就好。当然，永璘也有一些优点，他喜欢跟一些贩夫走卒下棋聊天，完全没有皇子的架子；而且他还有一个最大的特点，没有野心，很有自知之明。他曾经说过这样的话：“即使皇冠像雨点一样从天上洒落，也淋不到我头上。”这样一个人虽然不适合当皇帝，但也是有自己个性的，他追求的是个性的解放，过自己想要的生活，不受约束，你让他当皇帝他也未必愿意当。

没办法，只剩下永琰了，就算他不想当皇帝也不行了。看来，乾隆选择他实在是迫不得已。嘉庆在当皇子期间表现得很平庸，不算好也不算坏，用现在的话说：“就那样呗！”永琰虽然没什么特别的才能，但是很努力，学习刻苦，沉得住气，坐得起冷板凳。

永琰没有什么过人的优点，把江山交给这么一个平庸的人，乾隆其实是不甘心的。乾隆甚至对十皇女固伦和孝公主说过这样的话："你如果是皇子，我一定立你为继承人。"由此可见他对儿子们的失望程度。

当然，乾隆也不是没有考虑过像朱元璋那样直接跳过儿子立孙子。但朱元璋毕竟失败了，立孙子后，燕王朱棣就造反了。乾隆不敢冒这个险，虽然他的孙子中确实有比较出色的人，比如皇长子的儿子绵恩能力就很出众。

立了永琰后，乾隆还是非常不放心，他在祭天大典的时候默默祷告："老天爷啊，帮朕把把关吧，如果皇十五子永琰是个贤君，保佑他平安幸福吧！如果他不贤，请让他短命而终吧！朕不是不爱子，只是江山社稷比父子之情更重要。"

如果儿子不贤就咒儿子死，乾隆这个祷告可谓空前绝后。

第二章　从傀儡皇帝到痛苦皇帝

乾隆仍然控制着朝政，嘉庆只好夹着尾巴做人，每天对乾隆毕恭毕敬、俯首帖耳。外国使者看到这一幕，不明白嘉庆为什么整天不做事，只顾宴饮游乐，侍奉太上皇的时候，太上皇喜悦他也喜悦，太上皇笑他也笑，形同牵线木偶。

做一个影子皇帝很难受

乾隆说过："如果有幸能够在位六十年，就禅位给儿子，不敢超过皇祖的在位时间。"

皇帝说话，一言九鼎啊，大家都听到了，所以不能不算数。

乾隆六十年（1795年）九月初三（乾隆登基六十周年纪念日），乾隆在勤政殿召集皇子、皇孙和王公大臣，正式宣布在次年元旦举行禅位大典。听到这个消息，永琰既惊喜又惶恐，他已经预感到这一天，没想到会来得这样快。

在这个特别的日子里，有一件小事值得注意。在乾隆公布这个消息之前，时任首席军机大臣、九门提督等要职的和珅就把这个消息告诉了永琰。和珅还给永琰行了一个大礼，那意思是将来皇帝就是你了，你能当上皇帝有我和珅一份功劳啊，到时别忘了我啊！和珅自以为投机高明，没想到聪明反被聪明误，嘉庆平生最厌恶那些玩弄权术之人。再说了，你要投资也要长线投资啊，不能临时抱佛脚。

永琰的身份突然发生变化，欣喜的同时他也感受到一份沉重。作为一个皇子，永琰虽然没有表现出过人之处，但从他后来执政的表现来看，他还是一个有智慧、有头脑的皇帝，能够见微知著。此时，他已经感觉到这个清帝国的沉重，在乾隆后期，盛世正在不断衰退，嘉庆已经明显感到身上的压力。

乾隆主动禅位——这在历史上是破天荒的，唐朝李渊虽说也做了太上皇，但毕竟是被迫的。永琰幸运的地方在于他是第一个在歌舞升平中当上皇帝的，以前新君的登基大典都是在国丧期间举行的。悲喜两重天，让那些大臣也非常难堪，既得为老皇帝悲痛，又得为新皇帝高兴，迫使他们一个个变成演技高超的实力派。

这回，大臣们不用这么痛苦了，普天同乐，只管高兴就行了。

嘉庆元年（1796年），紫禁城同时举行了禅位大典和登基大典，处处洋溢着欢快的气氛。这一天有三喜，既是春节，又是禅位大典和登基大典。典礼办得隆重豪华，王公大臣和文武百官站在太和殿外恭敬等候，各外国使臣也位列其中。

太和殿外隐隐传来奏乐的声音，乾隆一行人身着朝服缓缓步入太和殿。随后，乾隆坐在金龙宝座上，太子永琰则西向侍立。

音乐声停止后，殿外传来清脆的鞭炮声，随后殿内奏响庆典音乐。永琰带着文武百官向乾隆行三跪九叩大礼。然后，两位大学士宣读表文，读完之后，大学士将“皇帝之宝”跪递给乾隆，乾隆接过宝玺之后，亲手将这象征着帝王权力的宝玺交给永琰。永琰接过之后，再小心翼翼地将宝玺交给身边的大学士。

禅让大典结束后，就是隆重的登基大典。典礼完成之后，接下来便是一些加恩赏赐、赦免、赈济孤寡等措施了。

随后几天就是吃吃喝喝的事情了，皇宫里吃吃喝喝跟其他地方吃吃喝喝没啥区别，只是礼仪烦琐一点，美酒佳肴丰盛一些。值得一提的是，乾隆举办了盛大的千叟宴。千叟宴在康熙朝时就举办过两次，分别在康熙五十二年（1713年）和六十一年（1722年）。不过，乾隆举办的千叟宴奢华程度远远超过了康熙。乾隆也举办过两次，一次是在乾隆五十年（1785年）正月，还有就是这次了。

这次参加宴会的有三千零五十六人，列名邀赏的有五千人，合计八千多人。参加宴会的老人至少要六十岁，因为这是一个以老人为主题的宴会。参加宴会的，年纪最大的是百岁老人郭钟岳，在子孙的搀扶下赴宴。其间，乾隆亲自赐酒给一品大臣及年满九十岁的长者。

乾隆禅位只是形式，一个做了六十年皇帝的人，对权力太眷恋了，一时让他交出权力，他没法适应。

他很早就表示："归政后，如果遇到军国大事和用人方面的要事，还是不能不过问的。新皇帝有很多地方不懂，还需要教诲，每天都要来朕这里听政。"

退位后，和珅建议乾隆仍然自称"太上皇帝"，而嘉庆则称为"嗣皇帝"，乾隆愉快地采纳了这个建议。从此以后，乾隆还是皇帝，嘉庆不过是一个见习皇帝。

乾隆还要求年号共存，他在退位诏书中写道，退位以后，宫廷中仍用乾隆年号，地方各省用嘉庆年号。

嘉庆元年（1796年）正月二十日，湖广总督毕沅征剿白莲教变乱时，上了一道奏折，在奏折末尾写下了“仰副圣主宵旰勤求，上慰太上皇注盼捷音”的话，这本来是祝福歌颂的套话，但是敏感的乾隆立刻意识到了问题，毕沅将歌颂嘉庆的话放到自己的前面，分明是没分清主次。此时，乾隆刚交出皇位二十天，立即大动干戈，下旨斥责毕沅，说军国大事自己仍旧亲理，嗣皇帝不过聆听教诲，学习经验。毕沅不遵旨办事，是不是有什么意见？

乾隆仍然控制着朝政，嘉庆只好夹着尾巴做人，每天对乾隆毕恭毕敬、俯首帖耳。外国使者看到这一幕，不明白嘉庆为什么整天不做事，只顾宴饮游乐，侍奉太上皇的时候，太上皇喜悦他也喜悦，太上皇笑他也笑，形同牵线木偶。

嘉庆皇帝忍耐功夫很强，也是个孝子，他不仅在乾隆面前低声下气，在和珅面前也大气不敢出。嘉庆表面上对谁都彬彬有礼，实际上内心有太多不快，他把这些全都藏在心里，颇有勾践卧薪尝胆的风范，只不过嘉庆没勾践那么狠。

忍了三年多，终于等到了乾隆归西的那天。弥留之际，乾隆仍然抱怨说：“可惜军务没有处理完，留下了大遗憾。”临死前，乾隆紧紧攥着嘉庆的手，眼睛望着正在打仗的西南方。尽管他很不情愿，但还是咽下了最后一口气。

嘉庆和珅终极对弈

嘉庆可能是清朝品德指数最高的一个皇帝，他像祖父雍正一样勤政，品行端正，生活简朴，为人宽厚，而且非常自律，关心民生疾苦，一心想做一个好皇帝。在清朝正史野史中很难找到他荒淫、昏庸、阴险的记录。可惜，就算是这样一个皇帝，也没能挽救清朝的衰落。所以，在很多人眼里，嘉庆是一个平庸皇帝，也是一个悲剧皇帝。

乾隆晚年虽然看上去仍不太显老，但是他记忆力越来越差，经常是早晨的事，晚上就记不得了。和珅因此更加专权，没有人敢对他说个“不”字。嘉庆呢，演好傀儡角色，同时密切物色人才。他看中了德高望重的刘墉，刘墉为人正直，从不对和珅阿谀逢迎。

和珅在外国人眼中俨然是二皇帝，嘉庆不过是一个三皇帝。如果说忍耐乾隆是嘉庆不得不接受的现实的话，那么对和珅，嘉庆已经反感到极点。

和珅尽管跋扈，但也没有丧失理智。他知道乾隆的日子已经不多了，将来嘉庆会不会对自己动手，还真拿不准。所以，和珅对嘉庆处处提防，而嘉庆也对和珅小心翼翼，他知道一旦和珅在乾隆面前说自己坏话，自己可能很轻松就被撤掉，所以嘉庆不给和珅留下任何把柄。

两人就这样暗暗地斗法，归根结底，还是嘉庆技高一筹。

虽然和珅也不弱，嘉庆嗣位不久，和珅就将心腹吴省兰安插到嘉庆身边，表面上是帮嘉庆抄写诗文，其实是暗地里监视嘉庆。嘉庆对此心知肚明，但也绝不能一味认怂。和珅固然位高权重，但摆脱不了奴才的身份，所以在适当的时候，嘉庆也会在和珅面前耍耍皇帝的威风。

据说，和珅跟大臣们交谈，言必称太上皇，嘉庆知道后，私下里痛骂："好个奴才，你蔑视朕，不给你点儿颜色，你还不清醒了。"

第二天，嘉庆把和珅叫到殿前，问他："太上皇对你还好吧？"

和珅说："太上皇的恩德天高地厚，奴才虽死难忘。"

接着，嘉庆抛出一个尖锐的问题："朕对你怎么样呢？"

和珅想了想说："陛下对臣的恩德虽然不能和太上皇相比，奴才也会誓死以报。"

嘉庆冷笑一声："好个誓死以报。太上皇和朕，哪个更贤明呢？"

和珅支吾着："这个……奴才不敢说。"

嘉庆逼问："必须得说，你大可以放心地说。"

和珅只得回答："太上皇有知人之明，陛下有容人之量。"

嘉庆发出一阵奇怪的笑声。

当然，这是野史记载，不过真实地反映了嘉庆的心境。从这件事中，我们可以看出，和珅毕竟还是忌惮嘉庆的。

传说虽然是假的，但是对于乾隆、和珅、嘉庆三者的关系却描绘得非常传神。

还有一个传说，乾隆驾崩后，嘉庆秘不发丧，假传乾隆旨意急召和珅入宫。和珅进宫后，却看到嘉庆站在自己面前，连忙行君臣之礼。嘉庆却莫名其妙地拿出一件袖子又短又窄的衣服给和珅穿，和珅不好抗命，只好穿上，但是袖子窄到手根本伸不进去，和珅怕把袖子撑破，不肯穿。嘉庆笑道："不是袖子太小，是你的拳（权）太大。"

和珅一听，知道出事了，哭着要见太上皇。嘉庆便带着和珅来到太上皇寝宫前，看到乾隆已死，和珅放声大哭。嘉庆也哭了一阵，接着就问和珅："皇考对你怎么样？"和珅说："太上皇的大恩，奴才虽死难忘。"嘉庆说："皇考留下遗诏，让你殉葬，皇考待你不薄啊，到了九泉之下都挂念你。”

和珅一听，知道完了，连忙跪地求饶。嘉庆冷笑，把和珅轰了出去。

和珅斗不过嘉庆

在乾隆执政后期，和珅可以说是一人之下、万人之上的权臣，就连嗣皇帝嘉庆也得看他的脸色行事。同时和珅也是历史上有名的大贪官，他任人唯亲、党羽密布、贪腐成性、排斥异己。

最过分的是，和珅经常有越礼的行为，府邸修建得就像皇宫。他仿照紫禁城宁寿宫的样子为自己盖了个锡晋斋，豪宅里还装了几十对铜路灯，比皇宫里还精致。此外，和珅还在府里装了几十口太平缸。装铜路灯和太平缸看起来没有什么奇怪的，但是根据当时的规矩，和珅是没有资格装这些东西的，这些属于皇帝的特权。

想想吧！宁寿宫是乾隆禅位归政后住的地方，和珅照着宁寿宫修建府邸简直就是僭越到极点。有人会奇怪，和珅做这种事，乾隆是不是知道呢？乾隆可能不知道，也可能装作不知道。当时的官员大多跟和珅勾结成一党，而且和珅把持朝政，很少有人敢告发他，就算你写密折参劾和珅，很有可能这密折就落到和珅手上。

乾隆还将圆明园附近的淑春园（今天的北京大学燕园未名湖畔）赏赐给和珅，和珅将其经营为西郊有名的私家园林。和珅过着极度奢侈的生活，挥霍无度。不仅如此，和珅还派堪舆家为自己的墓地选址，最后选定了蓟州一处地方，和珅又按照皇帝陵墓的规模形制为自己修建了气派、壮观的巨大墓地。据说，墓前修建了门楼，门前还开了隧道。门楼里还有享殿和配殿，大门称为宫门。四周有内外围墙，墙西盖了一座阳宅，里面有二百余间房子，住着和珅的家奴和护院，这些人都是用来守陵的。所以，当地老百姓称这个墓为“和陵”。

对于和珅的专权与不法，嘉庆早在做皇子时就有所了解。《满清稗史》记载，和珅出入宫中时，伺候乾隆喜怒，他说的话乾隆都听，即使是皇子也忌惮他。一天和珅手提着象牙杖出来，边走边说：“今天皇上对某个阿哥震怒，当众杖打几十下。”嘉庆为皇子，必然屡次受到和珅的侮辱，之前只好隐忍，等手握大权之后肯定会除之后快的。

嘉庆在嗣位之前，和珅就卖弄聪明，提前将消息透露给嘉庆，对这种行为嘉庆是非常看不惯的。和珅一方面通过这种卑鄙的手段在嘉庆面前邀宠，另一方面又偷偷把嘉庆写的诗递给乾隆，想方设法监视嘉庆，致使嘉庆如履薄冰，导致嘉庆的恩师朱珪不能进京述职，嘉庆本人也时刻担心被乾隆撤掉。

在太上皇三年训政的日子里，嘉庆对于和珅的本性看得更清楚了。乾隆朝的腐败嘉庆也看在眼里，对于嘉庆来说，要进行改革，剔除弊政，第一步就是诛杀和珅。为了等这一天，嘉庆忍了三年。

当这一天到来之时，即使是大丧之日，嘉庆也毫不手软。在嘉庆看来，杀和珅事大，大丧事小。他之所以这么迫不及待地杀掉和珅并不是不孝，而是不能给和珅喘气的机会。

乾隆在嘉庆四年（1799 年）正月初三逝世，第二天嘉庆就剥夺了和珅军机大臣、九门提督两职，当然嘉庆并没有表现出很强的攻击性，他对和珅说："你是大行皇帝的近臣、首席军机大臣、内阁大学士，实是国家的勋旧元老，朕刚亲政，诸事还要仰赖你啊！希望相公不要辜负大行皇帝的重托，辅助朕处理一切军国大事。现在国家大丧，丧事乃国家首要大事。朕特命你全权主持丧事，暂时免掉你军机大臣和九门提督的职位，你专心治丧，等丧事一过，再恢复你的职位。"

嘉庆对福长安说："大行皇帝在世之日，你与和珅朝夕伺候，朕非常感谢你们。特命你们一起治丧，暂免你军机大臣和尚书等职，丧期一过，便恢复你的职位。”

和珅和福长安这两个老谋深算的人都被嘉庆给迷惑住了，以为嘉庆很信任自己。与此同时，嘉庆迅速进行领导层调整，以防止和珅等人反扑。嘉庆让十一阿哥永瑆担任军机大臣，处理军政要事；封八阿哥永璇为亲王，总理吏部；让大哥永璜的儿子绵恩担任九门提督，同时指挥火器营和健锐营。

绵恩到岗后，迅速将和珅府中千余甲兵调走，同时撤换九门提督衙门里和珅的亲信，切断和珅与外界的一切联系。

正月初八，嘉庆正式动手，他召来大学士刘墉和恩师朱珪，让他们和内阁一道弹劾和珅。经过内阁和文武官员的弹劾，嘉庆宣布剥夺和珅和福长安的职位。为了打赢这场战争，嘉庆待在养心殿里足不出户，昼夜召见大臣，共同商量对策。这些日子里，后妃们不知道嘉庆在干吗，但是从嘉庆凝重的神色来看，就知道一定会有重大的事情发生。

一朝天子一朝臣，当嘉庆彻底将重要部门大换血之后，就可以放心地对和珅展开进攻了。

科道弹劾、御史弹劾不过是走过场，大家都知道和珅是必死的。当嘉庆将他逮捕入狱的圣旨传来时，和珅惊呆了，他不敢相信这是事实，自己还在乾隆的灵柩旁，为乾隆主持丧事，嘉庆怎么会在先皇大丧之日逮捕自己呢？不可能！尽管照常理推测不可能，但事实已经摆在眼前，容不得他不信了。

和珅下狱后，正月十一日，嘉庆就和珅问题专门发出一道上谕，指责和珅种种不法之处，接着让各部门尽快给和珅议罪，并将和珅的罪行分发各省，让大家一起“讨论”。嘉庆的态度已经很明显了，大家顺水推舟，纷纷指责痛骂和珅。直隶总督胡季堂说：“和珅丧尽天良，简直猪狗不如，种种悖逆行为，祸国殃民，跟白莲教的这些逆贼如出一辙，这么一个无耻小人，目无君上，应该依照大逆律凌迟处死，抛尸街头。至于福长安，应该斩立决。”

这已经不是议罪了，而是人身攻击，虽然和珅确实罪大恶极，但这些大臣的做法也让人有些恶心。

对于嘉庆来说，这并不恶心，因为他的目的达到了。在舆论的强大攻势下，诛杀和珅便是替天行道。

二十大罪

嘉庆给和珅定了二十条大罪，分别如下：

一、乾隆册封皇太子时，还没有颁布谕旨，和珅就提前告诉当今皇帝，泄露国家机密，居然想以此邀功，这是大罪一。

二、乾隆在圆明园召见和珅时，他居然骑马直接从左门进去，这是目无君父，这是大罪二。

三、和珅以腿疾为由坐轿子直接进大内，乘着轿子直接出入神武门，众目睽睽之下毫无忌惮，这是大罪三。

四、和珅将一些放出宫的宫女娶进门，完全不顾廉耻，这是大罪四。

五、自从进剿白莲教匪徒，乾隆日夜期盼知道军情，和珅却将各路军情匿而不报，有意欺瞒皇上，导致贻误军机，这是大罪五。

六、乾隆身体不适的时候，和珅毫无忧戚之色，每次见过皇帝后，出来还谈笑如常，丧心病狂，这是大罪六。

七、乾隆最后一年批阅奏章时，字迹有些模糊，和珅居然说看不清楚，干脆撕了重写，这是大罪七。

八、和珅奉乾隆之命管理吏部刑部事务，竟然一手操纵，独裁专横，不许下面的人说一句话，这是大罪八。

九、奎舒奏报循化和贵德二厅贼众千人抢夺达赖喇嘛的牲畜，杀死两人。和珅居然将原奏驳回，完全不把边务当回事，这是大罪九。

十、乾隆驾崩后，嘉庆命令蒙古王公未出痘的不必来京，和珅不遵旨办事，说不管有没有出痘都不必来京，完全不考虑国家安抚外藩的政策，居心不良，这是大罪十。

十一、大学士苏凌阿衰老不堪，听力困难，但由于和和珅的弟弟和琳是姻亲，这事居然隐匿不报。侍郎吴省兰、李潢、太仆侍卿李光云等人曾经在和珅家里教书，后来这些人都位列卿位，兼任学政，和珅任人唯亲由此可见，这是大罪十一。

十二、对于军机处记名人员，和珅任意撤去，种种擅权的做法，不胜枚举，这是大罪十二。

十三、查抄和珅家产后，发现他盖的楠木房屋僭越礼制，宝阁房屋模仿宁寿宫的格局，和珅园林也跟圆明园类似，居心悖逆，这是大罪十三。

十四、和珅蓟州坟茔设置享殿，开凿隧道，周边百姓称之为“和陵”，这是大罪十四。

十五、和珅家里藏的珠宝无数，珍珠手串有两百多串，比宫廷内还多几倍，而且和珅的大珍珠比宫廷里的都大，这是大罪十五。

十六、宝石顶不是和珅应该戴的，但是和珅私藏宝石顶几十个。和府里的大宝石不计其数，很多宝石连大内都没有，这是大罪十六。

十七、和珅家里银两和衣物超过千万件，这是大罪十七。

十八、和珅家里夹墙里藏有黄金两万六千两，私库藏金六千余两，地窖里埋有白银两百余万两，这是大罪十八。

十九、和珅在通州和蓟州有大量的当铺和钱店，总资本不下十余万两。和珅身为首辅大臣，与民争利，实属可恶，这是大罪十九。

二十、和珅家奴刘全，竟有资产二十余万，还有许多珍宝。一个家奴居然如此财大气粗，可见和珅平日搜刮之厉害，这是大罪二十。

和珅贪赃枉法之处罄竹难书，自古罕见，故不一一列举。

从嘉庆列举的罪状中我们可以看出，贪污罪并不是嘉庆最深恶痛绝的，嘉庆最痛恨的是和珅专权。其中罪状大体可以分为两种，专权的有十六条，而贪污罪集中在后面四条。

和珅认罪的态度很好，基本上都认了，这并不是说和珅有自知之明，有悔改之意，只是他深谙官场之道，就算那些罪名全是捏造的，他也必须认，何况还基本属实，不认罪会死得更惨。

福长安也跟着和珅一起遭殃。福长安是傅恒的儿子，他的哥哥福灵安、福隆安、福康安都是朝中重臣，福长安本人担任军机大臣和户部尚书，因此他的罪状要轻许多，而且也更模糊。嘉庆说福长安世受皇恩，在军机处做事，与和珅朝夕相处，对和珅僭越不法行为应该最为熟悉，但是福长安从来没有将和珅的罪行揭发，显然两人官官相护，互相包庇。嘉庆还说福长安只要在自己面前哪怕一次提起和珅的罪行，就不会对他有任何惩罚，现在从福长安家中也查抄出了许多非法钱财，这些钱财虽然远不如和珅的多，但也是非法所得。

嘉庆给福长安治罪的理由是他没有揭发和珅，这就强人所难了，当时谁敢揭发和珅，就连嘉庆本人也是忍气吞声。

留和珅一个全尸

和珅的罪定了下来——凌迟处死。但是，嘉庆却有些为难，不知是不是装出来的。嘉庆对大臣们说：“和珅的所作所为，固然应该千刀万剐，但是现在正值大丧，和珅曾伺候太上皇几十年，处死和珅会不会留下话柄？”

大臣们自然纷纷说和珅这个人罪大恶极，人神共愤，处以极刑是万民拍手称快的好事，相信太上皇看到这一幕九泉之下也能瞑目了。

这样一来，嘉庆完全没有心理压力了，好吧，那就将和珅凌迟处死吧！想到和珅被千刀万剐死状惨不忍睹，嘉庆心情如同酷暑饮冰雪，享受到复仇带来的强烈快感。

嘉庆虽然仁义，但对和珅他真的是恨不得凌迟处死。只不过，和珅的儿子丰绅殷德的老婆固伦和孝公主来求情，请求嘉庆给和珅留一个全尸。嘉庆可以不给和珅面子，也可以不给丰绅殷德面子，但不能不给妹妹面子，只好退一步，赐和珅自尽。

考虑到和珅党羽众多，一旦展开清查，势必挖出萝卜带出泥，到时人心惶惶，国家会动乱。嘉庆明确表明自己的态度，和珅案子绝不株连，只处罚和珅一人。福长安虽然是从犯，但嘉庆从宽处理，将斩立决改为监禁。监禁半年后，将他释放。

和珅之子丰绅殷德是额驸，加上固伦和孝公主深得乾隆宠爱，嘉庆不想让妹妹伤心，仍让丰绅殷德保留爵位，但必须在家闲住，不能外出滋事。

此时，和珅还待在监牢里，对于外界的一切都不得而知，不过他知道等待自己的一定不会是好结果。和珅从权力的巅峰一下子掉落到监牢，这个反差实在太大了，他触景生情，在狱中写了一首诗："五十年来梦幻真，今朝撒手谢红尘。他日水泛含龙日，认取香烟是后身。"

没多久，一条白练送到监狱里，和珅感慨万千，最终狠下心来悬梁自尽。

和珅家产是个谜

和珅的家产到底有多少，到现在还是一个谜，查抄和府的官员进去以后，目瞪口呆，那里简直是个宝库，查抄工作进行了五天五夜。

史学家萧一山在《清朝通史》中说："和珅家财，以比例推算之，殆不下八万万两，甲午庚子两次赔款总额，仅和珅一人之家产足以当之。"费正清在《美国与中国》一书中说，和珅的家产按照当时美国货币推算，价值十亿美元以上，这个数目换到今天至少是几千亿美元。现在一般认为和珅的家产有十一亿两白银以上，当然这些财产也不完全是贪污所得，有些是皇帝的赏赐，有些是和珅自己经营而来，比如开钱庄之类。

财产之多，已在嘉庆的预料之中。嘉庆最奇怪的是，和珅家中还有一些违禁物品，譬如珍珠朝珠。这种东西只有皇帝才能佩戴，和珅怎么会有呢？经过严密审讯，家仆们供认，和珅经常在夜深人静的时候把这些朝珠佩戴在身上，对着镜子照来照去，时而说着谁也听不见的话，时而傻乎乎地笑着。和珅知道这是非常悖逆的行为，一旦被发现就是死罪，所以谁也不让看见，自己一人躲在黑夜里孤芳自赏，自得其乐，过过皇帝瘾。

这一次，嘉庆吃得很饱。但是，很快人们就对这笔巨额财产的去向产生疑问，是不是全部充入国库了呢？答案是否定的，很多人怀疑大部分财产进了嘉庆的私囊。

有一件事可以证实这种怀疑不是毫无道理的，副都统萨彬图急着邀功，一再向嘉庆上奏，说和珅的财产相当多，肯定不止查抄出来的那些，有很多财产或者寄存他处，或者被人侵蚀挪移了，刑部处理这事时肯定有很多隐瞒之处，萨彬图请求嘉庆严厉追究。

那么，嘉庆有什么反应呢？他竟对萨彬图完全不理睬。但萨彬图很不识时务，没过多久又上奏，说他从亲戚那里听到，和珅家里有四个掌管账目的使女，可以拿她们来审讯。萨彬图可能是想向新君邀功，也可能是眼红那些侵吞和珅财产的人。但他这种做法让嘉庆很恼火，嘉庆狠狠地骂了他一顿："你又不是查抄和珅家产的官员，干吗要越俎代庖，你审讯那几个女子，到底想干啥？"

骂了一通之后，嘉庆直接点明要害："你是不是怀疑朕私吞了和珅的财产，你把朕看成什么人了？"

嘉庆越是这样辩解反而越让人怀疑，他也知道可能会这样，进一步辩解说，自古籍没家产的目的无非是惩戒贪污，并不在乎没收财产的多少，再说了，这些财产就算被人掩埋和挪移了，也是在我们大清国啊！何必要追根究底，非要弄出那几个小钱不可！

然后，嘉庆让刑部给萨彬图议罪，嘉庆说："以后谁也不许提和珅财产之事，你们吹毛求疵只会把朕抹黑成贪财之辈。这么做就是替和珅报复朕，你们忍心吗？”

嘉庆本打算把萨彬图革职，又觉得如果处罚过重，以后就没人敢上书发表意见了，最后赏给萨彬图一个七品小官，让他到地方上工作，眼不见心不烦。

根据民间的议论，和珅的家产大部分都进了内务府，也就是皇帝的私人金库。

如此来看，嘉庆不光吃饱了，而且肚皮都有点撑。

风光盛世藏危机

经济上的丰收丝毫不能安慰政治上的困境。

嘉庆接手皇权的时候，大清已经走过了一半的路程，康乾盛世的高潮刚刚过去。高潮之后自然就是落潮，所谓的乾隆盛世已经过去，留下的是危机四伏。

首先是吏治松弛、贪腐成风，各级官员利用职务之便聚敛人民财富，给百姓带来了无尽的苦难。

河工治理也是嘉庆关心的头等大事，但是许多官员却根本不放在心上，他们关心的是如何将治理河患的钱塞进自己的腰包。嘉庆不傻，当然知道这里面的猫腻，他就南河工程发表讲话："南河工程近年来拨款不下千万两，河患却迟迟没有得到解决，耗钱如此之多，一遇到河患，工程马上坍塌，明显有不法官员从中作假。"

对这种腐败行为，嘉庆有切肤之痛，他写诗骂道："内外诸臣皆紫袍，何人肯与朕分劳？玉杯饮尽千家血，银烛烧尽百姓膏。天泪落时人泪落，歌声高处哭声高。平居漫说君恩重，辜负君恩是尔曹。"

改革吏治、整顿风气是嘉庆面临的第一道难题，颓风已经刮了这么多年，短时间内现状很难改变。

嘉庆认为，要改变朝野上下的颓风，必须从自己做起。嘉庆带头崇尚节俭，奖励清廉。嘉庆第一道命令就是从今以后禁止呈献宝物，这个命令似小不小，清朝有献宝的风气，各省督抚进京之前都会准备好宝物，每逢庆典佳节，宝物更是琳琅满目、数不胜数，结果形成官场歪风，导致吏治腐败，地方官拼命搜刮。

嘉庆并不是说一套做一套，而是身体力行从我做起。和珅自尽第二天，叶尔羌回部采到了一个重达上百斤的玉石，正在运往京城的途中。嘉庆下了一道旨，不论玉石运到何处，即刻抛弃，不必运到京师，劳民伤财。

嘉庆还下过一道“中秋节令”，说民间中秋不过是以瓜饼果肉为主，内廷也不要过于奢侈，以后中秋节贡要永远停止。

如果说官场腐败是乾隆留给嘉庆的一个治不好的痼疾，那么军队战斗力低下更是一个致命的问题。早在嘉庆当皇太子时，就跟随乾隆到校场阅兵，当时的情景让嘉庆记忆犹新，许多官兵刚骑上马就从马上掉下来，射箭的时候箭箭虚发。一场大阅兵差点变成了小丑闹剧。在嘉庆看来，八旗子弟丧失了满人尚武的传统，这是最危险的一件事。跟努尔哈赤、皇太极时期的八旗铁骑比起来，简直是一个天上、一个地下。

由于武备松弛军事懈怠，白莲教变乱之时，八旗兵不堪一击，清朝各级政府不得不征召相对彪悍的乡勇和团练。

到嘉庆继位时，国库空虚，首先是乾隆挥霍了大量的钱财，六下江南、大兴土木、连年战争，这些行为貌似很盛世，但加剧了社会矛盾。到嘉庆时，百姓起义更加频繁，是以嘉庆亲政后国库空虚，如果不是从和珅那里找到一笔钱，嘉庆都不知道应该怎么把大清经营下去。

与此同时，西方国家正在资本主义的道路上突飞猛进，在政治、经济、科技和工业方面取得了重大进步。资本主义发展迫切需要开发海外市场，一再要求和中国通商，而闭关自守的清政府拒绝了西方国家的要求。

落后就要挨打，这是亘古不变的铁律。乾隆给嘉庆留下了一个烂摊子，嘉庆将给子孙后代留下了一个更烂的摊子。嘉庆无力改变清王朝衰亡的趋势，所以很多人觉得作为一个皇帝他很平庸，有人也觉得他很可悲，那么努力那么辛苦，结果还是没有遏制国家的下坡趋势。

朝鲜使臣来朝觐见后，回国说嘉庆纪律很严，做事不拖沓，很勤政。嘉庆经常工作到很晚，还经常叮嘱大臣们，内外衙门一有陈奏之事，应最快送到朕的案桌前，不能耽搁。嘉庆四年（1799 年）六月的一天，天气炎热，管理宗人府的睿亲王淳颖不想嘉庆过于劳累，私自将宗人府的奏折扣下来。嘉庆知道后非常生气，让宗人府给淳颖议罪，并警告大臣，如果以后再发生这种事情，一定从严治罪。

嘉庆深知官员上书是治理国家的一个关键，如果大臣们都不敢上书，必然会导致言路堵塞，吏治不畅。所以，嘉庆颁发求言诏，表明自己欢迎官员们发表言论。为了让官员们去掉心理包袱，嘉庆用实际行动表明了自己的立场。他为乾隆时期因为直言而获罪的官员平反，甚至对蒙冤者公开赞扬，加官进爵。

在乾隆时期，有一个叫曹锡宝的官员曾经上书参劾和珅家奴刘全仗势欺人，没想到曹锡宝反而落了个诬陷栽赃的罪名，受到处罚。嘉庆亲自为曹锡宝平反，说当时举朝噤声，曹锡宝却能够坚持自己的臣道，不畏强权，直言进谏，是一个铮铮铁骨的诤臣。像这样的臣子不仅不应该受到处罚，反而应该给予重赏。

嘉庆的诚意最终打动了群臣，许多大臣纷纷站出来解囊献策，指出朝廷内外种种弊政。嘉庆所做的一切是因为他知道身上的责任沉重，这说明他早已看到了乾隆盛世所暗藏的危机，所以他当上皇帝之后，很多事情都以身作则，以达到上行下效的目的。为了解决经济问题，他主张勤劳节俭，表示终止父亲南巡的传统。

即使是乾隆，晚年也对六下江南表示后悔，曾说过："当皇帝六十年，没有犯什么大错，只有六次南巡，劳民伤财，好心办了坏事。"

我们很难说白莲教变乱跟乾隆的奢靡之风有多大的关系，但乾隆治下，吏治腐败、贪官横行却是不争的事实。应该说，白莲教变乱和乾隆是脱不了干系的。嘉庆用了九年的时间平定白莲教，花去了两亿两白银，这些钱相当于清廷四年的财政收入。为了打赢这场战争，嘉庆大搞捐纳，捐纳可以缓解经济窘迫，但是也会加剧官场颓风。根据雍正的说法，那些通过捐钱当上官的人不仅不知感恩，发愤报效国家，反而志趣低劣，拼命敛财收回之前捐出去的钱。

他们要敛财，就必须搜刮民众；搜刮民众，难免会影响社会的稳定。之前，他们捐钱为国家平乱，结果他们自己扰乱社会，这简直是一种恶性循环。捐官制度只能是一种权宜之计，乾隆已经看出了其中的弊端，所以他下令子孙后代永远取消这个制度，虽然乾隆曾因为一些特定的需要也实行过捐官制度。

根据清宫档案的记载，嘉庆朝的捐纳情况是最严重的。嘉庆时，国家问题特别多，财政明显不足。为了缓解经费问题，嘉庆不得不实行捐官制度，将这些钱用在剿匪、治河、军需等方面，甚至有时候连皇家的一些用钱也靠捐纳解决，可以想见当时清廷财政窘迫到何种地步。

许多有钱的商人纷纷出钱为国效力，如潘致祥，他和盐商温永裕在嘉庆四年（1799 年）各捐二十万两银子犒赏有功的官兵。嘉庆五年（1800 年），温永裕和吴叙慈等人再次捐钱五十万两银子平定川陕一带白莲教变乱。嘉庆十年（1805 年），黄河、淮河发大水，徽商鲍漱芳捐米六万石、麦四万石救济灾民。后来，鲍漱芳还带头募捐了三百万两银子开山归海，修理河堤。

从这些例子中可以看出，对于捐纳，嘉庆是非常欢迎的。

这并不是因为嘉庆不知道捐纳的坏处，只是当时国家问题太多，而且多是一些迫在眉睫的问题，从中可以看到嘉庆对富国强民的渴望。他急切地想把国家治理好，有些饥不择食的味道。

当然，嘉庆的努力也不是完全没有效果的，至少出现了一些表面上的转机，但是清廷已经非常腐朽，嘉庆不可能从根本上扭转清朝的危机。这些危机主要体现在三个方面：第一是吏治腐败，第二是制度落后于时代，第三是西方的崛起。

第三章　白莲教风云

就在大家感觉天昏地暗的时候，白莲教教徒来到了人们中间。他们向百姓宣扬："加入白莲教吧，从此你们就可以获救，没有生命危险，不用一分钱就可以走遍天下。加入我们吧，只要我们有一口吃的，你们也会有。"

招抚与反抗

我们再回到禅位大典吧，体会一下那普天同庆的一幕，当时谁也没有料到灾难会来得这么快。如果是天灾尚可以理解，可惜偏偏是人祸。

禅位大典之后，性喜奢华的乾隆举办了盛大的千叟宴，与之形成强烈对比的是，川楚一带的百姓却流离失所，食不果腹。这是非常讽刺的。一向自我感觉良好的乾隆没有料到，在他的统治下，还有许多人连最基本的生存问题都得不到解决。

当乾隆在千叟宴上满怀盛世豪情之时，警报已经传到了京城。

清廷档案中记载了对白莲教发生变乱原因的调查，直接原因是教首宋之清被清廷抓捕处决。宋之清在湖北、四川、陕西、河南、安徽一带传教，秘密策划反清活动。事情败露后，地方官开展地毯式搜捕，逮捕了以宋之清为首的六十七名教徒首领。宋之清被凌迟枭首，其余人全被斩首。

在乾隆中后期，皇室贵胄和地方豪强疯狂兼并土地，大量农民丧失土地，无以为业。许多人拖家带口逃到深山老林里，过着半原始的生活。乾隆末年，湖北、四川、陕西、河南等地发生天灾，百姓的生活更加艰难。当时逃到山林里的百姓最多达到百万人，这样庞大的一群失去生计的人聚集在一起，可以想象会出现什么情况。

就在大家感觉天昏地暗的时候，白莲教教徒来到了人们中间，他们向百姓宣扬："加入白莲教吧，从此你们就可以获救，没有生命危险，不用一分钱就可以走遍天下。加入我们吧，只要我们有一口吃的，你们也会有。"

当白莲教在全国蔓延开来时，清廷也在紧锣密鼓地进行剿抚。

在剿抚中，最"有成效"的是四川南充一个清官，此人名叫刘清。由于刘清官声很好，在四川一带颇有名望，所以很多起义军都被他"安抚"了。对于招抚的起义军兵民，刘清也非常爱护，这无疑对起义军构成了一种可怕的威胁。起义军宁愿官兵残忍一点，这样也好全力反抗，可是一旦刘清这样的人出现，你去打他又显得自己不义，是刁民所为。像刘清这样的人，对起义军来说是一股令人纠结的反对力量。

当时四川的起义军用颜色作为军号，有点儿类似于八旗。白号的首领王三槐骁勇善战，他也受到了刘清的"安抚"。刘清的苦心劝降，让他有些动摇。不过因下属怀疑有诈而未投降，率众作战后被逮捕，解送到京城，随后被处决。

到了京城后，嘉庆亲自审问王三槐。王三槐直言不讳地说："我们不是要造反，是那些当官的逼我们造反。"

嘉庆虽然生气，但是也不得不承认他说的有几分道理，问道："难不成四川就没有一个好官吗？"

王三槐答道："只有刘青天一人而已。"别人把他卖了，他还记着别人的好。

刘清虽未成功招降王三槐，这个首领却为他做了一次临终宣传。从此，刘清名扬天下，大家都知道他是一个清官。

清官不好当，虽然刘清功劳很大，但是清廷却把功劳都给了将领勒保等人，只字不提刘清。这个很好理解，刘清主要是在"贼众"中名声好。事后，刘清仍然经常亲自到白莲教大营安抚，大家因为王三槐的事都不敢再轻易相信他，不过大家都知道他是个清官，所以不忍心杀了他。

刘清先后招抚的人超过了两万，大家并没有因为他骗取了王三槐的信任而怨恨他。从这些事情中可以看出，当时百姓深受贪官污吏之害。

嘉庆后来发了一道上谕，承认白莲教变乱是"官逼民反"，对参与战斗的大众抱有一定程度的同情。但是他把责任全都推到和珅身上，认为官僚集团这么腐败是和珅一手造成的。

嘉庆认识到一个问题，这是一个非常古老的问题，如何处理皇帝代理人——也就是官僚集团跟百姓的关系。尽管意识到这个问题，嘉庆却没能解决，有人说嘉庆性格优柔，手段平庸，所以解决不了这个问题。但在这个问题上，我们对嘉庆也不能求全责备。

这里顺便说说刘清，白莲教被平定之后，嘉庆亲自召见刘清，高度赞扬他是一个大清官，是巴蜀人民的幸运。嘉庆还准备提拔刘清为四川布政使，相当于省内二把手，主管财务。然而，刘清却以能力不够拒绝了。而请求嘉庆给自己一个武官的职位，于是嘉庆让他做了山东登州总兵。

女中豪杰王聪儿

在白莲教变乱中，有一个不得不提的女人，这个女人就是王聪儿。

王聪儿是湖北襄阳人，出身贫苦，父亲是衙门里的一个勤杂工，工资微薄。后来，王聪儿的父亲因劳累而病重，由于无钱医治，很快就去世了。

从此以后，王聪儿就跟着母亲到处流浪，靠打短工和乞讨为生。童年时期的王聪儿就饱尝人间苦楚，后来母女俩实在活不下去了，母亲只好把她卖给一个戏班子，王聪儿聪明漂亮，吃尽苦头之后，终于成为一个“流浪艺人”。

在跟着戏班子流浪的日子里，王聪儿更是阅尽人间沧桑，看到社会角落里种种黑暗和肮脏，这跟乾隆看到的世界完全是两个样。乾隆只看到自己的文治武功，丝毫没有看到文治武功背后百姓悲惨的生活。

生活的艰辛、世道的不堪让王聪儿很早就有了一种反抗意识，她恨透了腐朽的清王朝，恨透了那些欺压百姓的贪官。

闯荡江湖的时候，王聪儿结识了白莲教众，并成为其中的一分子。王聪儿认识了自己的另一半，这个人是襄阳的一个差役小头头，名唤齐林。齐林是身在衙门心在白莲教，两人这一结合，不仅碰撞出了爱情的火花，也激荡出了事业的豪情。

让齐林非常吃惊的是，王聪儿组织能力非常强，白莲教很多人都很崇拜她，这个年轻的女人居然是谋划起义的重要人物。在变乱开始之前，王聪儿已经是湖北白莲教的首领了。

齐林和王聪儿计划在乾隆五十九年（1794 年）的元宵节发动变乱，夺取襄阳。没想到计划败露，齐林被清廷捕杀。失去丈夫后，王聪儿更加悲愤，但她没有消沉，而是化悲痛为力量，在众人的推举下，当上了起义军的领袖。王聪儿豪气干云，视封建礼教为粪土，横刀跃马，领导着教众走上轰轰烈烈的反清之路。

嘉庆元年（1796 年）三月，王聪儿率领教众在襄阳发动变乱。

王聪儿是一个头发长、见识也长的女人，她努力把乌合之众改造成一支有纪律、有编制的军队。她将起义军分成五营，还设立各级文武官员，用“万利”作为年号，她认为反清本就是“一本万利”的好事，本是性命，利是江山。

王聪儿率队多次与清军展开大战，清军都溃不成军。之后，王聪儿带着起义军奔向荆楚重镇襄阳。起义军将襄阳城团团围困起来，不过襄阳是个军事重镇，要想攻下来没那么容易。嘉庆紧急调遣各路兵马支援襄阳，在清军的围堵之下，王聪儿只好放弃攻取襄阳，带着起义军战略性撤退，来到河南，在邓州、新野一带和其他起义军会师。

王聪儿与清军的第二次大战发生在湖北安陆府的钟祥。战争贵在神速，当王聪儿带领军队抵达钟祥时，清军才反应过来，匆匆调遣陕西总兵杨秀前去堵截。杨秀兵力有限，在起义军大潮面前显得相当弱小。钟祥很快沦陷，被起义军占领。

嘉庆手忙脚乱，痛骂王聪儿是众贼之首，让总兵永保整合湖北军队，对王聪儿实行围剿。

面对清军的围攻，王聪儿显得相当镇定。她没有选择被动挨打，反而根据地形主动出击，经常打得永保措手不及。她还采取声东击西的策略，假装攻击清军的粮仓，吸引清军的兵力，从而让清军兵力分散，疲于应付。

永保被王聪儿整怕了，这个女人实在太厉害。永保想，与其等着被骚扰，不如选择一个特别的日子全力出击。永保选择在一个阴雨绵绵的日子里发动突然袭击，准备速战速决，攻下起义军大本营。

可惜，他还是低估了王聪儿。王聪儿事先侦察到清军进攻的计划，做了周密的部署，当清军到来之时，发现起义军早已准备好。狭路相逢勇者胜，两军激战到深夜，双方都死伤惨重。由于起义军拖家带口，王聪儿决定兵分两路撤退。清军穷追不舍，在陈家河一带，起义军调转马头，痛击清军，歼灭了大量的清军。

嘉庆非常气愤，将满腔怒火发泄到永保头上，下令将永保逮捕入狱，换上了惠龄。这一战胜利后，王聪儿感到一丝安慰，这些天来虽然取得了不小的胜利，却也让她深深体会到反清大业的艰难。

陈家河告捷不久，四川白莲教的首领徐天德和王三槐分别在达州和东乡发动变乱。确认此事后，王聪儿决定带领军队进入四川会师。为了摆脱清军追击，王聪儿将起义军分成很多队，忽东忽西，让清军不明所以，被王聪儿牵着鼻子走。沿途，王聪儿劫富济贫，更多的人加入起义军。

没多久，王聪儿就在陕西汉阴与高均德会师，又在镇安与王廷诏、李全会师。清军被王聪儿的迂回战术彻底搞蒙了，疲惫不堪。嘉庆气得七窍生烟，痛骂惠龄无能。

在镇安会师后，王聪儿故意做出向北进攻的架势，结果清军立即中计，将兵力调到北边。王聪儿见此，立即带领主力部队以迅雷不及掩耳之势渡过汉水。当惠龄赶到汉水边时，只能对着江水发呆了。

嘉庆对惠龄彻底失望了，立即将他革职，换上陕甘总督宜绵。

王聪儿渡过汉水后，清军副都统阿尔萨朗慌忙派兵拦截，也许是太慌乱了，阿尔萨朗赶到后，在和起义军激战中不幸中枪身亡，清军的前锋参领和副参领也都阵亡。这一战，起义军歼灭清军健锐营千余人。

此时，四川首领徐天德率领的起义军正被清军包围，处境艰难。王聪儿长枪一指，迅速奔向清军的后方，对清军发起了猛攻。面对猝然袭击，清军慌忙调转枪口。看到援军来了，徐天德的部队大为振奋，和王聪儿前后夹击，打得清军落花流水。

结局悲壮的起义

川楚白莲教会师将整个反清斗争推向了高潮。

这次会师，十几万起义军第一次聚在一起，真有天南地北兄弟来相聚的感觉。表面上，会师之后，起义军的力量更加壮大了。然而，这只是一种错觉，自古以来起义的人，自刘邦、项羽起，就是貌合神离。大家本来都是平起平坐的，这个时候谁也不甘心推举一个领导人，然后大家都听这个领导人的命令。虽然这么做，无疑对起义大业有利，但人性的特点告诉我们，肯定是谁也不服谁。

结果，起义军首领们商议后，决定用不同的颜色作为起义军的旗号。襄阳王聪儿和姚之富率领的起义军用黄色作为旗号。

会师之后，起义军并没有形成一个整体，各个首领斗得相当厉害，各自都想称王称霸，至少要守着自己的一亩三分地。

面对战火的蔓延，嘉庆采取了坚壁清野和训练团练的策略，给了起义军沉重的打击。团练和乡勇往往比清廷正规军还能打，而坚壁清野的政策又让起义军缺少粮草来源，与民众隔绝。

当困境到来时，起义军并没有齐心协力，共渡难关，反而互相责备，有人甚至说："湖北的军队来搅和个啥，哪儿来的回哪儿去。"这种言论无疑是针对王聪儿的，就算王聪儿受得了这个气，湖北的起义军也受不了，背井离乡可不是为了找气受，既然在这里受气，不如回老家！

王聪儿也觉得继续在四川待下去不是长久之计，起义军分裂是迟早的事情，干脆打回家乡，再闯出一片天，方显巾帼本色。

出来闯不容易，要回去更不容易。首先是回去的路上布满清兵，为了分散清兵，王聪儿还是采取了之前的迂回策略。到达归州后，起义军兵分两路，一路由王聪儿和姚之富率领，进攻兴山，抵达宝康和南漳，再回到襄阳；另一路由王廷诏率领，由东攻远安、当阳，最后两军会师。

其中，夔州是起义军回湖北的必经之路。王聪儿打算先占领白帝城，没想到清军已提前在夔州和白帝城布下重兵。清军自以为万无一失，但王聪儿率领起义军突然袭击清军的营地，清军立即还击。这时，埋伏好的四五千起义军冲出来，两军交火，一直斗到晚上，起义军暂时撤退。

到了半夜三更之时，起义军偷袭清军大营，直到清军援兵到来，起义军才撤退。

回到驻地之后，王聪儿决定改变打法，不分昼夜轮流对清军进行骚扰。两个昼夜之后，终于冲破关卡。随后，王聪儿率军往归州和巴东进发。嘉庆连忙让官兵在中途进行围截，清军统帅明亮匆匆赶到巴东，被王廷诏的部队迷惑，结果与王廷诏激战。

王聪儿正好率领两万主力军队前往兴山、保康、南漳。当明亮发现中了敌人的调虎离山之计后，已经没法追上王聪儿了。王聪儿本想经由宜城、钟祥前往襄樊，然而中途清军关卡重重，只好放弃这个计划，率领部队进入湖北西北山区地带。

很快，王聪儿就意识到湖北是待不下去的，决定进入陕西南部。前往陕西的路上，起义军在长坪与清军发生了一场遭遇战，击毙了清军护军统领惠伦。这次胜利给了处于低潮的起义军很大的鼓舞，然而这也是最后的胜利。

此时，正有几万名清军和不计其数的乡勇从各个方向涌来。王聪儿的起义军退到湖北三岔河后，已经无路可退。

三岔河地势非常险峻，到处是悬崖峭壁和苍天古树，固然适合防守，但更适合围住。王聪儿不会想到这里就是她生命的终点。

王聪儿本打算且战且退，进入陕西，然后再回到四川。可惜，她的气数已尽，冲不出这凶险的地方。三岔河里布满清军，到处是炮声，在清军强大的火力面前，王聪儿没有恐惧，当她知道没有可能逃出此地后，从容选择自杀。她带着几十名女兵跳崖，姚之富也跟随她的脚步，场面悲壮慷慨，催人泪下。

清军立即到山下寻找王聪儿和姚之富的尸体，割下他们的人头，送到京城邀功。王聪儿虽然失败了，但是给了清廷心脏沉重的一击。

杀了王聪儿，还有后来人

王聪儿牺牲以后，她英勇壮烈的形象反而激起了其他起义军更加激烈的反抗。

襄阳起义军的余部在高均德和李全的率领下，和德楞泰、明亮在陕西展开了激战，起义军打着“为王聪儿报仇”的口号，英勇杀敌，多次击败清军。

嘉庆三年（1798 年）六月，湖北蒲圻和崇阳的白莲教教众听到王聪儿牺牲的消息，义愤填膺，纷纷表示要为王聪儿报仇。木工出身的王天万在蒲圻发动了八百人，接着又在崇阳召集了一千人，自称都督应劫大元帅，号召大家起义。

王聪儿虽然被清廷剿杀了，但是战火反而更加旺盛。各地起义军在王聪儿牺牲后又坚持战斗了八年，直到嘉庆十年（1805 年）五月十九日，起义军最后一个元帅王世贵倒下。

在这些战役中，有四次值得一提的大战役。

第一次战役是大鹏寨战役，这次战役发生在嘉庆三年（1798 年）九月，战斗开始后不久，罗其清和李全领导的起义军占领了四川营山县的军事重地大鹏寨。起义军得到了大量的粮食，接着又修起了坚固的堡垒。清军集结了四路大军围攻大鹏寨，双方相持了三个多月。其间清军多次强攻都没有成功，无奈之下，清军又采用老办法，召集当地乡勇打头阵。

乡勇罗思举是本地人，熟悉地形，他带着清军从后面的悬崖爬上大鹏寨，采用夜间突袭加上火攻的办法，打败了起义军。这次战斗使起义军元气大伤，但他们并没有因此丧失锐气。

第二次战役是苍溪战役。这次战役是由起义军领袖冉天元指挥的，在起义军中，冉天元是一个善于打伏击的将领。嘉庆四年（1799 年）八月，他带兵来到四川巴山，随后进入苍溪境内。

得知这个消息后，清军主帅额勒登保率兵赶过来，将起义军包围在苍溪的人头山上，清军分三路对起义军发起了进攻，企图全歼冉天元。冉天元并没有被清军的势头吓住，他从容指挥，坚守高地，巧设埋伏，持刀士兵在前面，弓箭手在后面，杀得清军死伤成片，这一战清军副将以下的将官损失了二十余名。随后，冉天元突围出来，到达巴州阴背场。额勒登保失败后，自知过失重大，主动向嘉庆“请罪”。

第三次战役是高院场战役。这场战役还是由冉天元指挥的，从苍溪离开后，他带着四千起义军准备经由川北到甘肃与其他起义军会师。冉天元的部队经过成都和重庆，进驻川西时，部队从四千人发展到七八万人。看到白莲教势力蔓延得如此迅速，连嘉庆都感到失望，他说贼众像蝗虫一样铺天盖地，光凭人力简直不可能捕杀干净。

嘉庆五年（1800年）正月十九日，冉天元的大部队到达西充县的高院场。清政府火速派川北总兵朱射斗前去扑灭，朱射斗到了以后，火炮狂轰，弓矢狂射。面对清军凶猛的火力，起义军并没有畏缩，反而内心更加愤懑。他们恨透了朱射斗这个清廷鹰犬，组成了一支敢死队，为了躲避敌人的炮火和箭雨，匍匐前进，一直爬到朱射斗的大营前，举起大刀砍杀了清军的这个“巴图鲁”，并歼灭了一千多名清兵。

起义军再次获得了这场战役的胜利，冉天元在起义军中确实是个不可多得的将领。

第四次战役是马蹄岗战役，这次战役的主要指挥者还是冉天元。高院场战役后，冉天元带着部队北上到达梓潼和江油一带，并任命部将张子聪向成都挺进，以迷惑清军。此计果然见效，三月的一个晚上，冉天元率领大部队从太和镇成功渡过潼河。嘉庆得知这个消息后非常气愤，下令四川总督魁伦自尽。

随后，冉天元来到马蹄岗，德楞泰率领清军企图再次包围义军，结果两军激战，清军又一次被打得落花流水。起义军反将清军包围，眼看清军就要被全歼，这时清军援军杨遇春和乡勇头目罗思举赶到，战场形势很快扭转过来，起义军败走，冉天元因为战马受伤，落马被俘。

等待冉天元的是清廷残酷的刑讯，而其终究是一个汉子，始终不肯向清廷低头，最后被斩首。

马蹄岗战役是反清斗争的一个转折点，自此以后，起义军逐渐转为劣势，直至最后被清廷扑灭。

第四章　海上烽烟

蔡牵的势力庞大到什么地步呢？他已经取代了清廷水师维护海上秩序，海上商船但凡购买了蔡牵颁发的执照，就能平安无虞地到达目的地。

海患成灾

清廷对海上活动有很多限制，这是闭关锁国维护统治的一种手段。为了一家的江山，而将全国民众都与世隔绝起来，这显然是一种非常自私且违背客观规律的做法。

乾隆末年，海上洋盗势力猖獗，当时清廷将“海事”“苗事”和“教事”称为对帝国有威胁的三件大事。

这些海洋盗贼的背景复杂，但有一点清政府几乎可以肯定，那就是这些活动背后有安南国王的支持。这些海盗跟今天的海盗没啥区别，他们对海上来往的商船进行打劫获利。海盗的活动严重地损害了清政府的利益，嘉庆刚即位不久，就着手打击海盗活动。

嘉庆任命福州将军魁伦、广东巡抚朱珪、浙江巡抚吉庆缉拿海盗。当时清廷的水师并不足以远洋出行，只能在近海进行搜捕，同时切断海盗岸上的补给。

不久，魁伦缉拿了一百三十名海盗，其中有五十人是无照出海捕鱼的渔民，嘉庆发现这事后，对魁伦进行了严厉的谴责，认为他将无照渔民和海盗混为一谈，分明是冒功。

元月过后，嘉庆谕示军机大臣：海盗长期生活在船上，油盐柴米从哪儿来的？一定是靠沿海的渔民接济，这些渔民卖给海盗食物虽然是为了谋生，但势必助长海盗的气焰，所以一定要对渔民严加盘问。

魁伦后来抓住了一个海上贩子蓝三世，最后虽然查明他并没有向海盗贩卖物品，但为了杀一儆百，魁伦还是把蓝三世处死。嘉庆获知此事，不但没有责备魁伦，反而夸奖他办事有方法。

由于当时国家危机四伏，嘉庆叮嘱魁伦对海盗采用剿抚并用的手段。盗贼首领纪培投诚之后，嘉庆决定“以盗制盗”，利用纪培缉拿海盗。海盗熟悉海盗，嘉庆用海盗来制服海盗，在当时的情况下是成本最低的一种选择。国家内忧太重，分不出太多的力量对付海盗。尽管如此，在治理海患方面嘉庆还是严格要求的。

嘉庆的老师、两广总督朱珪曾经抓获一个海盗头目何玉理，发现此人在乾隆五十八年（1793年）就在海上打劫。这本来是应该奖励的，但是嘉庆却降旨责备朱珪，说这个海盗猖狂这么长时间直到现在才抓住，充分说明各级官员办事不力，要求刑部对朱珪严加议处。

朱珪是嘉庆非常尊敬的一个老师，嘉庆应当不至于吃饱了没事去为难自己的老师。当然，很有可能是和珅在乾隆面前说了什么，嘉庆不得不做出一种姿态。由此也足以说明嘉庆对海盗一事的重视。

当时的海盗不仅打劫中国的商船，远洋来华的外国商船也未能幸免。

嘉庆元年（1796年）九月，两广总督吉庆发现了一个英国商人，根据这个英国商人的说法，他乘坐的商船在两个月前被劫持，船中共有十个人，其中六个人被害，三个人被劫走，他侥幸抱着木板漂流逃走。类似的事件经常在中国近海附近发生，以至于英国政府几次提出派遣军队协助清政府征剿海盗。嘉庆当然不能接受这个建议，清政府的主权意识是相当强的，绝对不会允许外国舰船开进中国海域。

不过，英国提出这个问题，足以说明当时海盗情况之严重。海盗的活动，严重地损害了中国的海上贸易。

对于安南国幕后支持海盗的行为，嘉庆当然是非常反感的，只是不便公开谴责安南国，甚至让下面的人不要张扬。

嘉庆二年（1797年）正月，两广总督吉庆又上奏发现安南的海盗，请示要不要照会安南国王。虽然已经掌握了一定的证据，但谨小慎微的嘉庆还是主张不声张，他认为不能轻易挑起国家之间的矛盾。

嘉庆五年（1800年）六月，发生了一件特别的好事，这件好事用歪打正着来形容一点都不过分。安南国有三十艘海盗船，纠合中国海盗船六七十只，在浙江沿海汇集，进逼台州。恰好当时海上雷电交加，风雨大作，海盗船只覆没殆尽。一些抱着浮木，或者泅水上岸的海盗都被定海镇总兵李长庚俘虏。在这些俘虏中，有安南国的四个总兵，这足以证明安南政府跟此事脱不了关系。

这四个总兵被处以极刑，嘉庆把他们的官印归还安南国王——这一招非常厉害，看你脸往哪儿搁，看你如何解释这事。当时安南国内战一触即发，新旧势力争权夺利呈白热化。新阮代表阮光缵为了讨好清廷，抓住六十多名海盗送往广东，这些海盗可能都是旧阮操控的，阮光缵做出这种姿态，丝毫不能改变他是海盗幕后领导的事实。

但阮光缵讨好清廷的自作聪明的做法，却引来了一系列灾难性的后果。许多海盗因此不再相信他，纷纷投降清政府，表示愿意配合清廷消灭海盗。

嘉庆七年（1802 年）八月，阮福映打败了阮光缵，为了得到清廷的支持和册正，阮福映抓住海盗首领莫观扶等三人，送到广东正法。经过审讯得知，莫观扶等人本系内地盗犯，后来投靠了阮光缵，阮光缵封他们为总兵，让他们从事海上盗窃。

阮光缵政权覆灭后，海盗问题终于告一段落。新任的阮福映政权在嘉庆的软硬兼施之下，不敢再肆意妄为。

两个海上老大

嘉庆八年（1803 年）以后，海盗群体发生了一些变化，这一时期海上主要首领是蔡牵和朱濆。

蔡牵和朱濆都是海盗群体的“元老级人物”，很早就成为海盗，海上打劫，勒索绑票，无所不为。

蔡牵的势力庞大到什么地步呢？他已经取代了清廷水师维护海上秩序，海上商船但凡购买了蔡牵颁发的执照，就能平安无虞地到达目的地。

蔡牵出洋的历史非常早，乾隆五十九年（1794 年）就在海上活动。嘉庆也很早就注意到此人，嘉庆三年（1798 年）八月，他在上谕中点了蔡牵的名，把蔡牵当成江洋大盗中头号通缉人物。蔡牵和朱渍都是当时海盗集团的头目。蔡牵有百来艘舰艇，朱渍也有几十艘，舰艇中配备有新式西洋大炮，这些装备比当时清廷的水师还先进。

蔡牵和朱渍通过垄断海上秩序大发洋财，成为巨富后，他们有了新的目标——将巨资投入反清活动中。这个转变对嘉庆来说是非常严重的一件事，以前他认为这些人不过是求财，现在才发现这些人还想推翻清王朝，这些海盗的犯罪活动也由"盗"变成"逆"。

蔡牵和朱渍不约而同地选择了跟内地反清会党联合，并在台湾府和沿海一带攻城略地。嘉庆对此非常担心，让吉庆等人一定要尽最大努力切断海盗与内地反清会党的联系。

嘉庆七年（1802 年）五月，蔡牵率领部队袭击了厦门附近的大担山和二担山炮楼，捣毁炮楼，抢走大炮。这是蔡牵第一次向清军主动出击，这次出击的目的不是攻城略地，仅仅是抢夺大炮，但也暴露出了清廷海防的废弛。事情发生后，照例是上面对下面一通责备，要求下面加强训练、搜捕盗贼。

嘉庆八年（1803 年）正月，李长庚一路追击蔡牵到福建省三沙洋面，将蔡牵围住。蔡牵眼看就要全军覆没，突然灵机一动，利用闽浙总督玉德贪功的弱点，向玉德诈降，请求玉德不要让浙江水师把自己赶尽杀绝。玉德居然相信了他的话，让浙江水师回港。

然而，当玉德派人前去招降蔡牵时，蔡牵早已逃之夭夭。玉德知道被耍，追悔莫及。

蔡牵死里逃生，不敢再心存侥幸，立即耗费巨资打造更先进、更高大、火力更猛的战舰，他打造的巨艇甚至比清廷最大的舰艇还大。总之，这一阶段，蔡牵以加强自己的海上力量为主要任务。

遭受巨大挫折后，蔡牵也意识到盟友的重要性，这次失败也促成了蔡牵和朱濆的结盟。蔡、朱联合后的第二年六月，他们首次袭击了清军。其时，温州总兵胡振声率领二十四艘运输船，装载木料送往福建造船。蔡牵和朱濆袭击胡振声后，玉德让胡振声全力迎敌，打了贼众一个落花流水。可惜，福建水师却不支援，不知是不是被蔡牵收买了。

胡振声孤军作战，在蔡牵刚猛的火力之下，船只全部被击沉，八十一名清军包括胡振声本人全部战死。

胜利之后，蔡牵和朱濆又领着水军进攻浙江水师。李长庚带领水师主动迎敌，对面是蔡、朱庞大的舰队，一百一十艘舰艇一字排开，整装待发。面对黑洞洞的炮口，李长庚并没有畏惧，亲自指挥作战。李长庚的战术是将敌舰一分为二，自己带队亲自攻击蔡牵的部队，部将则围攻朱濆的舰队。

最后，李长庚终于击败了蔡牵和朱濆。这两人败退后，产生了矛盾，蔡牵责怪朱濆指挥不力，朱濆很不服气，带着自己的队伍离开，蔡朱同盟宣告破裂。

李长庚不愧是清廷水师中一个出色的将领。嘉庆九年（1804 年）冬，李长庚又在甲子洋击败了朱濆；嘉庆十年（1805 年）夏，在青龙港大败蔡牵。

蔡牵并没有一蹶不振。嘉庆十年（1805 年）十一月，他倾巢出动，在台湾府登陆，发动了起事以来规模最大的一次战争。也就是在这次进攻中，蔡牵打出了“镇海王”的旗号，换句话说，他不再满足于做一个打家劫舍的盗贼，想当王了。在台湾府登陆后，蔡牵立即联络天地会等一些反清的会党，形成里应外合的局面，令清军防不胜防。

蔡牵多少有些胆识，考虑到对自己威胁最大的是清军从内陆调来的援兵，所以他命人火速砸沉港口附近的清军大船。一切安排妥当后，蔡牵带着万余人围攻台湾府外围屏障安平镇和嘉义城，这两城的清军选择死守，等待援兵。嘉庆接到急报后，立即调集重兵支援台湾府。李长庚率先出动，抵达鹿耳门后，被沉船阻住，未能登陆。李长庚只好绕道登陆，蔡牵退守到洲仔尾。接着，许松年和王德禄在洲仔尾击败蔡牵，此时蔡牵陷入了困境，由于被沉船所阻，他的战舰不能出去，被困在出海口。

到了这个地步，嘉庆也不得不给李长庚施压了。嘉庆给李长庚发了一道谕旨：如果将军能一战抓捕蔡牵，公、侯、伯都不在话下，但如果让蔡牵逃走，恐怕革职审问未必打得住。这等于是逼迫李长庚下军令状，提不到蔡牵的头就提李长庚自己的头。

按理说蔡牵这次死定了，然而老天暂时还不想让他死。在这个生死存亡的关头，海口处突然涨潮，刮起了大风，沉船被风浪掀起刮走，蔡牵感慨老天有眼，居然飘然而去。官兵们当然是紧追不舍，可哪里找得到蔡牵的影子？

蔡牵的围攻计划虽然失败，但是捡回了一条命，也没有损失主力部队，真是幸运至极。

嘉庆气得直跺脚。台湾府稳定后，闽浙总督玉德被押到京城议罪，他是这次事件所有官员中遭处罚最重的。事实上，嘉庆早就看玉德不顺眼了，玉德上次被忽悠，致使蔡牵逃走，他尸位素餐，将海防和水师治理得一塌糊涂。

海上老大之死

现在我们该说说朱濆的下落了，朱濆自从和蔡牵决裂后，有传言说他的座船被击沉，他已溺亡。事后，人们在广东发现了朱濆的下落。朱濆也是走投无路，一度想在潮州的澄海接受招抚。

当时新任的两广总督那彦成主张对海贼进行招抚，不过广东巡抚孙玉庭强烈反对，所以，朱濆想接受招安也不可能。

那彦成是乾隆朝名臣阿桂的孙子，嘉庆还是比较看重这个名臣之孙的，那彦成年轻时就担任军机大臣，随后又担任工部尚书、都统、内务府大臣等职。可惜，在做官方面，他比不上祖父阿桂，他很难容人。就任两广总督后，他就因为招抚的事情和孙玉庭闹翻了。最终，孙玉庭占上风，嘉庆将那彦成解职。

清廷的政策之所以发生转移，是因为势力对比发生了变化。国内的动乱已基本平定，此时没有必要对海贼进行招抚了，招抚要花费很多钱财，征剿的话要相对划算一些。

征剿海贼这事还是李长庚最擅长，虽然之前有人弹劾李长庚，但嘉庆不但没有听信谗言，反而把弹劾之人治罪，李长庚因此更加卖力效命。

嘉庆十二年（1807 年）春，李长庚在大星屿击败蔡牵。十一月，又在浮鹰山再败蔡牵。最后，将蔡牵逼出近海，此时蔡牵的家当只剩下三艘大船、十艘小船，而李长庚的力量是蔡牵的几十倍。一向沉稳善战的李长庚产生了轻敌情绪，由此犯下了他人生中最大的一个错误。李长庚以为稳操胜券，亲自带兵打头阵，冲在最前面，没想到蔡牵一个炮弹发过来，击中了李长庚的船只，李长庚被弹片击中咽喉，流血不止，第二天殒命。

李长庚虽然当场倒下，但清军在形势上仍然占据优势，然而主帅重伤濒死，副将张见陞吓怕了，居然下令撤军。蔡牵这人真是命大，又侥幸逃过一劫。随后，蔡牵逃到安南港口休整。李长庚不久就咽气了，相信弥留之际他最后悔的事情就是当时怎么就那么轻敌呢？

得知李长庚牺牲，嘉庆泪流满面地说：“朕和李长庚素未谋面，因为他为国效力，朕屡次嘉奖。没想到他在大功即将告成之际就为国捐躯了，李长庚虽然牺牲了，但贼众经过他多年征剿，已是强弩之末。”嘉庆追封李长庚为三等壮烈伯，赐号“忠毅”，并在李长庚的家乡为他立祠。

然而，张见陞临阵脱逃这一节却没有受到追究，闽浙总督阿林保一向和李长庚关系不好，蓄意庇护张见陞，瞒过嘉庆。

李长庚虽然为国捐躯，但是蔡牵不能不除。随后，嘉庆任命李长庚的部将王得禄为浙江水师提督，专门负责搜捕蔡牵；钱梦虎为广东水师提督，专门收拾朱渍。

嘉庆十三年（1808年）五月，蔡牵在安南国待烦了，又乘风破浪回到福建。不过今非昔比，蔡牵旧部下多已投案自首，两个义子也被清兵捕杀，蔡牵感到自己势单力薄，寻思着再和朱渍联手。

于是，蔡牵辗转来到浙江海域，和朱渍在舟山海域再度联合，可惜两人的势力都大不如前，联合不久就被浙江水师击败。失败之后，蔡、朱二人再次分裂，分裂之后，朱渍再次坐船出走，在回广东的路上，金门总兵许松年追着朱渍不放，终于将他击毙在海中。

朱渍虽死，他的势力却依旧存在，由弟弟朱渥接管。

朱渍死后，蔡牵的日子更加难过了，势单力孤不说，物资也越来越匮乏。清军采取了封锁策略，断绝了岸上的物资供应，与此同时，还经常派出船队搜捕他，蔡牵不得不经常更换坐船。

嘉庆为了解决闽浙水师的派系斗争，提升王得禄为福建水师提督、邱良功为浙江提督、陕西巡抚方维担任闽浙总督，而阿林保则调离福建。

闽浙水师的派系斗争解决后对蔡牵是一场灾难，他以前还可以利用清军的派系之争找到缝隙生存，现在没有这个机会了。

不久，王得禄和邱良功就将蔡牵包围在定海渔山，激战了两天一夜，蔡牵弹尽粮绝，却始终无法突围。弹药用光了，蔡牵居然用银子当炮弹，而且还打断了邱良功的肋骨。银子的威力毕竟比不上炮弹，若换作炮弹，邱良功就已经步李长庚的后尘了。王得禄也受伤了，还好都是轻伤。

蔡牵真是一个顽敌，王得禄和邱良功都明白，此人今日不除，不知猴年马月才能再有这样的好机会。

银子用完以后，蔡牵真的是无路可退了。他知道自己这些年来运气一直不错，现在他明白，这些好运害苦了他，他曾经错误地把这些好运理解成天子之命。此时，好运气用完，他自知难逃一死，便用大炮砸沉了自己的船，选择以自尽的方式来维护一个反清者最后的尊严。

这事办得让嘉庆很满意，加封王得禄为二等子爵，邱良功为三等男爵。当时，很多人为邱良功打抱不平，说你们功劳一般大，凭什么王得禄的封赏比你高。邱良功倒是一个心胸豁达的人，他笑道："以前海患不平，全因为派系斗争，现在海患平了，我高兴还来不及，又何必计较这些次要的东西。"

邱良功是个识大体的人，国家的利益远比个人的一点利益重要，如果当官的都像邱良功这样，像蔡牵这样的人也就没有机会兴风作浪了。

蔡牵死后，"海贼"们知道他们横行海上的日子已经是过去时了，朱渥看清了形势，带着所有的船只人马向清军投降。朱渥给清军送上了一份丰厚的礼物，舰船四十二只，大炮八百多门。嘉庆自然不至于杀掉投降的人，将朱渥遣散回籍。

第五章　神秘刺客闯皇宫

嘉庆想，这些人太欺负人了，我又不是一个坏皇帝，竟然冲进紫禁城里变乱。收到这个消息时，嘉庆正在白涧前往京城的路上，当时他就惊呆了，他不知道自己究竟做错了什么事，竟会招致这种千古难遇的奇耻，作为一个皇帝，他觉得自己太失败了。一种受伤的情绪在心里蔓延，但他仍不忘夸奖皇次子绵宁等有功之人。

神秘的刺客

皇帝被人行刺不是什么新鲜事，但如果在禁宫内被人行刺就非常荒谬了，这种千载不遇的事情偏偏被嘉庆碰上了。

行刺嘉庆的人叫陈德，他选择的时间是嘉庆八年（1803年）二月二十日，当时嘉庆谒陵返京，准备进宫斋戒。陈德带着自己的儿子陈禄儿，提前进入东华门，绕到神武门，埋伏在西厢房南山墙后面。

嘉庆就是做梦也不会想到居然有人胆子这么大，敢在禁宫里行刺自己。当嘉庆乘坐轿子经过神武门，即将进入顺贞门的时候，陈德手持匕首跳了出来。然而，陈德动作慢了些，嘉庆已经进入了顺贞门，当他听到背后一片嘈杂时，还不知道发生了什么事情。

嘉庆派人去询问后，才知道发生了大事，心里大惊。

当时，神武门和顺贞门之间有一百多个侍卫，陈德跳出来后，他们个个目瞪口呆，反应迟钝，竟然无人上前去捉拿他。只有几个御前侍卫还算镇定，上前和陈德搏斗，陈德虽然身手不错，但双拳难敌四手，最终还是被拿下了。

嘉庆觉得这个刺客胆子这么大，一定来头不小，下令军机大臣和刑部联合会审，一定要揪出幕后主使。然而，陈德却一口咬定，这是他个人的行为，背后并无任何指使者。对于这个供词，嘉庆当然很不满意，又让大学士和六部尚书共同会审。陈德却依旧不改口供，嘉庆又让九卿和科道一起会审，也没有得到想要的结果。

由此看来，陈德如果不是硬汉，后台就一定相当硬。嘉庆动用了国家重要机关，各种各样的酷刑都使了出来，可陈德仍然不改供词。

事情到了这个地步，嘉庆知道再审下去也不会有结果，而且继续审下去会闹得人心惶惶，大臣们互相猜忌。为了防止事态扩大，嘉庆决定就此打住。

宫中出现了这样的事情，嘉庆照例要自责一番："这件事充分说明了风化越来越差，这是朕深感惭愧的，如果不是朕失德，也不会出现这样的事情。从此以后，朕应该更加加强自身的道德修养，做一个勤政爱民、随时自省的好皇帝。"

事后，嘉庆想起这事，除对陈德的所作所为感到震惊外，也对在场侍卫的麻木感到愤怒。嘉庆深深地感觉到官场中的懈怠风气已经到了不可救药的地步，嘉庆含泪指责："除了御前侍卫，在场的一百多人难道都不是朕的臣民，遇上行刺皇帝的事尚且漠不关心，还能指望他们尽心为国效力吗？"

这件事已经充分暴露出清王朝的统治已经病入膏肓。改革并不能起到刮骨疗伤的作用，最多只是减缓一下病痛。

我们再来说说陈德的下场，不管陈德有没有供出幕后主谋，他都难逃一死。最后总得给陈德这种行为一个合理的解释，官方的解释是："陈德这个人不过是一个失业的流浪汉，精神出了点问题，遂产生了叛逆的念头。"最后被判处了极刑——凌迟。

陈德的案子虽然定了下来，但是对于幕后主谋的猜测一直没有停息。有人认为是嘉庆的兄弟们幕后策划的，有人认为是大臣安排的，还有人认为是天理教策划的。

普遍的看法是陈德是天理教秘密安排的一个刺客，不仅很多野史这样记载，萧一山在《清代通史》中也采纳了这个说法。

不过，这个说法有许多值得商榷的地方。陈德从未跟天理教的那些头领联络过，后来天理教头领林清被抓，也说从不认识陈德这个人。

那么，陈德究竟为何要行刺嘉庆呢？

这还得从陈德的个人经历说起。陈德全家以前是旗人的奴仆，主人去世后，陈德跟着父母以打短工为生。三十岁左右，父母去世，陈德就失业了，无以谋生，后来携家带口来到北京投靠外甥姜六格，姜六格是内务府正白旗的护军。后来，陈德又到内务府做杂役，因而熟悉宫中的路线。

嘉庆六年（1801 年），陈德的老婆去世，上有八十岁的岳母，下有两个处于发育期的儿子，想到以后生活会越来越艰难，陈德烦透了，经常借酒浇愁，一边喝酒一边苦笑，俨然一个疯子。到后来，他又被东家解雇，彻底失去了生计。

从某种意义上说，陈德已经处于崩溃的边缘，精神压力越来越大。到最后，他甚至产生了幻觉，还经常到寺庙里求签。根据陈德的说法，这些签说的都是好话，给他一种“积极”的心理暗示。他连吃饭都成问题，竟然产生了一种幻觉，觉得自己可能有当皇帝的命，在陈德看来，只要把皇帝杀了，自己就可以当皇帝了。譬如，陈德说有一天他梦见自己被朋友领到一个府邸里，便问朋友这是什么地方，朋友说这是东宫。还有一次，陈德梦见自己在一座无水桥下躺着，忽然被人拉到桥上，桥变成了知府大堂，陈德低头一看，发现自己全身穿着蟒袍。陈德找人解梦，都说是大富大贵的梦，陈德心想，都说好梦成真，如果自己不努力的话，好梦不就白做了吗？

不过，稍有理智的人都知道行刺皇帝是自寻死路，陈德清醒的时候也知道。只不过，他想豁出性命来搏一搏。

陈德并不怕死，但是他这么做连累了两个儿子。陈德行刺尽管是个偶然的事件，但也充分说明清王朝的统治已危机四伏。

违背天理的天理教

嘉庆是一个非常悲剧的皇帝，他努力想做一个好皇帝，但是不幸的事却偏偏全让他摊上。“苗事”“教事”和“海事”平定之后，嘉庆原本以为可以过上几天安稳日子了，可惜老天偏不让他安生。

这次搅得嘉庆不得安宁的是天理教，天理教是白莲教的一个分支，原名是荣华会和龙华会。教义和白莲教大同小异，这给当时许多处于水深火热的人一种精神上的慰藉，只要能给人们想要的东西，哪怕是虚幻的，也可以流传得很广，深受百姓欢迎。

天理教根据八卦分成八支，相当于天地会的堂主，当时林清就是这样一个身份，担任一个卦的卦主。后来，林清逐渐控制了各卦，并正式将荣华会改名为天理教。

嘉庆十六年（1811 年），林清三次进京摸情况，回来后与李文成商量，认为是时候举事了。为了方便起事，林清对天理教高层进行了一些改革，做出了“八卦九宫，林李共掌”的决定，林清为“天皇”，冯克善为“地皇”，李文成为“人皇”。而且他们把“蛋糕”都分划好了，成功后，林清得直隶，冯克善得河南，李文成得山东。

嘉庆十六年（1811年）八月，彗星出现在西北方，林清等人抓住天象大做文章，说是天意让他们起兵。最后大家商定在嘉庆十八年（1813年）九月十五日起兵，主意敲定以后，大家便开始布置，李文成在河南滑县举事，林清在北京城内起兵。李文成嘱咐林清，一定要等到滑县的起义军到达北京才能发动起义。

嘉庆十八年（1813年）七月十八日，嘉庆按照惯例到木兰围场秋狝，临走前，对许多人叮嘱要搞好京城防卫工作，不能让陈德之事再次发生。这些人口头上答应得很好，嘉庆一走，他们马上松懈下来。

就在这千钧一发的时刻，李文成也出了岔子，他派遣的牛亮臣带领几百人赶制武器，结果被县里的巡检刘斌发现。刘斌认为事关重大，立即抓住铁工，审问之后得知李文成要起事，便紧急密报河南巡抚高杞，请求立即派兵缉拿逆贼。但上头却不当回事儿，认为不过是本地的一些寻常盗匪，刘斌也不过是为了邀功，故意把事情说得很严重。

不过滑县的知县强克捷不敢怠慢，利用县里有限的差役，将李文成、牛亮臣等人逮捕起来。可惜这两人都是硬骨头，死活不肯招供，哪怕被打得浑身溃烂也不肯说出一个字。

就在知县准备将李文成和牛亮臣押到省里时，滑县的天理教教徒决定提前起事，黄兴宰、黄兴相和宋元成等首领认为事情已经败露，如果再不动手，就只能受制于人。九月七日，滑县三千名天理教教徒攻破滑县县城，击杀了知县强克捷，从狱中救出李文成和牛亮臣。

滑县变乱消息传出后，直隶和山东的许多地方纷纷响应，天理教教徒们围城杀官，一场叛乱之火又在这块古老的土地上烧了起来。

嘉庆真是不幸，什么“好事”都让他赶上了。

嘉庆进入木兰围场之后，兆头就不太好，接连三天阴雨绵绵，河水暴涨，泥沙俱下，人马很难前行。九月初一，嘉庆不得不下令减围，几天后，嘉庆草草结束围猎。回京的路上，他就收到了天理教教徒起兵的消息。嘉庆亲政以后，经历的叛乱也不少了，他并不认为这些人能掀起什么大浪，但是也没有大意，做出了周密的部署，另外也避免事态扩大，弄得人心惶惶。

地方大员虽然在剿匪事情上仍然没有多少长进，但至少堵住了天理教教徒北上的路，这在嘉庆看来已经过得去了，自从上次被行刺时一群人无动于衷，嘉庆就不敢对这些吃皇粮的人抱有太多的幻想。

林清在北京对于滑县提前起兵一事完全不知道，由此可见，清军多少还是发挥了一些作用。九月十五日马上就要到了，林清召集众人商议起义之事，正黄旗曹福昌被林清收买，他向林清透露嘉庆将在十七日抵达白涧。曹福昌说，到时候文武大臣一定会出迎，大家谁也不会想到有人起义，可以趁着这个机会打嘉庆一个措手不及。

曹福昌的建议很好，可惜偏偏碰上了林清这个死脑筋，他认为九月十五日是天定的日子，绝对不可以更改。

林清决定十五日派几百人攻入内宫，但是“内应太监”认为内宫不是很大，容不下太多人，何况天理教有神术护体，一定可以取胜的。最后，林清决定派两百人攻入内宫，由“内应太监”引路。

进宫的人约好用“白帕”为标志，化装成小商贩在菜市口、珠市口和前门一带会集。等到十五日午时一到，立即向内宫进攻。林清像个总司令一样坐镇黄村指挥，等待来自滑县的援兵。

说来讽刺，林清出兵的消息很早就泄露出去了，在豫王府当差的祝海庆在八日就知道林清起事的消息，甚至知道是在九月十五日午时动手，连这么绝密的消息都走漏了风声，由此可以想象林清的组织能力。祝海庆掌握这个绝密消息后，立即上报，可惜豫王裕丰对此无动于衷。

起事之前，卢沟桥巡检陈绍荣也发现了异样，立即申报宛平县县令，可惜县令也不把它当回事儿。随后，他又上报步军统领吉纶，吉纶听后不仅没有重视，反而有厌烦的情绪，竟然痛骂报告之人："这太平盛世，你在这里疯言疯语，难道神志不清了吗？"总之，官员的玩忽职守，致使本来可以提前扑灭的叛乱最终还是发生了。

九月十五日午时一到，天理教教徒们立即分批冲进宫内，不过宫廷禁军也不完全是白痴，看到这么多人往里冲，也知道绝不是集体马拉松。东华门禁军立即下令关闭城门，结果只有很少一部分教徒冲了进去，下场很明显，关门打狗，这些冲进去的天理教教徒很快就被擒杀干净。

西华门那边情况貌似好点儿，冲进去了几十个人，这些人向隆宗门进攻。当时，皇子绵宁（清宣宗爱新觉罗·旻宁，原名绵宁，嘉庆即位后改为旻宁）听说有变，立即让人准备好武器前去拦截。这么点儿人就想攻下皇宫，当然是做春秋大梦，天理教教徒们很快就被捕杀干净。

我们再来看看那个林清，他坐在黄村里，貌似一个运筹帷幄的总司令，正痴心妄想李文成带兵支援自己。就在林清想入非非的时候，清军已经冲了进来，将他捆绑得结结实实。

这次变乱虽然被轻松扑灭，但给嘉庆的精神刺激相当大。嘉庆想，这些人太欺负人了，我又不是一个坏皇帝，竟然冲进紫禁城里变乱。收到这个消息时，嘉庆正在白涧前往京城的路上，当时他就惊呆了，他不知道自己究竟做错了什么事，竟会招致这种千古难遇的奇耻，作为一个皇帝，他觉得自己太失败了。一种受伤的情绪在心里蔓延，但他仍不忘夸奖皇次子绵宁等有功之人。

嘉庆对失职官员非常气愤，尚未回到京城，就对失职官员进行处罚。步军统领吉纶和左翼总兵玉麟被革职，嘉庆命内大臣托津提前回京，对失职官员进行查办，还叮嘱他一个都不要放过。

追究失职官员是情理之中，这件事最值得注意的是，嘉庆并没有一味地诿过他人。他意识到自己的治理出了问题，怀着沉痛的心情，下了一道罪己诏：

> 我嘉庆德行本来就不深，谬受皇考托付，十八年来兢兢业业，不敢有丝毫懈怠。刚即位的时候，白莲教在四省肆虐，用了近九年的时间，才平定这

场动乱。本以为从此以后可以和百姓普天同乐，没想到天理教教徒偏偏要破坏这和谐盛世，居然攻入大内。幸亏皇次子绵宁临危不乱，平定了这场叛乱。大清开国已经一百七十多年了，列祖列宗，仁德深厚。我嘉庆虽然没有列祖列宗那样深厚的德行，但也自信没有做什么害民的事。遇到这样的事情，我简直无法理解，只能自责。灾祸虽然起于一时，但“由”来已久。我虽然再三告诫群臣要忠心为国、勤政爱民，可惜他们都当成了耳边风，终于酿成了这种从汉唐宋明以来从来没有的事情，丢人的不只是我，也是整个帝国的官僚集团啊！说到这里，我已经说不下去，只能以后躬身自省，知错即改，上报天恩，下慰黎民。

在罪己诏中，嘉庆含蓄地批评了皇考和列祖列宗，认为这种事情虽然发生在自己的任上，但其实是长期以来的一个矛盾积累。嘉庆当然不敢直接批评列祖列宗，只能采取这种婉转的说法。当然，嘉庆更多地认为是自己的过失，而过失主要体现在“吏治”的失败上。

吏治问题是乾隆中后期遗留下来的，嘉庆能不能治理好我不敢说，但显然他并没有达到整肃吏治的目的。

罪己归罪己，林清却难逃一劫，被凌迟处死。豫王裕丰是这个案子中受处罚最重、级别最高的，嘉庆本想革掉裕丰的王爵，但考虑到这个爵位是豫亲王多铎凭借军功获得的，就此作罢，最后罚了他十年俸禄。后来裕丰又窝藏天理教教徒，嘉庆忍无可忍之下，终于革去他的王爵。

天理教事件虽然过去了，但是这一连串的冲击波不仅撼动了清朝统治的根基，也沉重地冲击了嘉庆皇帝的心灵。

多事的太监

天理教教徒闯京城，跟太监的多事是分不开的。在慈禧重用太监之前，清朝还没有太监干政的先例，然而这次“禁门之变”参与的太监之多让嘉庆瞠目结舌。

天理教本来筹划并不周密，如果没有太监从中接应，这种事情根本不可能发生。林清又是怎样认识这些太监的呢?

林清经常在河北一带传教，而宫中太监有许多河间人，许多太监的家属就是天理教教徒，一些太监也跟着信奉天理教，这些太监再传给其他太监，导致宫中信仰天理教的太监越来越多。

本来宫中并没有发现这些太监有谋逆的迹象，事发当日，太监张太埋伏在东华门马道上，被人拿住了，大家才发现有许多太监已经通敌，准备跟天理教教徒里应外合。

嘉庆让人彻查，一大批太监被揪了出来。嘉庆把太监刘金和刘得财叫到面前，问道：“你们服侍我这么久，难道我待你们不好？”两个太监吓坏了，连连跪地求饶。

嘉庆冷笑一声：“你们都已经投靠林清了，还称我为主子干吗？我不是你们的主子，你们说说吧，应该怎么办？”

两人吓得直哆嗦，嘉庆突然咬牙切齿地说：“朝廷养着你们，你们竟然背叛朝廷，跟邪教徒勾结，想谋害朕，你们实在是罪大恶极，应当凌迟处死，家属也不能幸免。”

恨归恨，几天后，嘉庆冷静下来，怕这事扩大化以后，太监人人自危，到时候铤而走险，搞不好真害了自己，便把太监们都叫过来，安抚道：“外面谣传说宫中太监都叛变了，朕亲自审问过了，只有七个太监叛变了，其他人都是清白的。”

许多心里有鬼的太监暗叫好险。嘉庆这招非常高明，其实连他自己都不知道有多少太监参与其中，唯一可以肯定的是很多，真的很多。

经过这么多事情，嘉庆一定大呼晦气，这么多的事情偏偏全让自己撞上了。嘉庆虽然口头上安抚众太监，私下里还是留心此事，很长一段时间里，都让人秘密查访究竟有哪些太监参与其中。

第六章　紧锁的大门

嘉庆时期，天朝大国虽然在不断衰落，但是心态仍旧是天朝大国的心态。对于任何来华的使团，清廷都称为贡臣和贡使。嘉庆虽然在世人眼里是一个庸弱的守成之主，但是对待像暹罗、朝鲜、安南、缅甸、廓尔喀这样的小国，完全是一副君临天下、高高在上的姿态。

来自海外的威胁

作为中国最后一个封建王朝，清朝跟以往任何朝代都不一样。当西方世界发生翻天覆地的变化时，清王朝却仍旧在封建统治的困惑中打转，嘉庆就是处于这种困惑中最典型的皇帝，他不明白吏治何以这么难整饬。他绞尽脑汁，始终没有考虑到可能是制度出了问题，他从不怀疑圣王之道。

然而，无情的现实即将告诉清王朝一个道理：圣王之道已经行不通，只有极少数帝王才能做到内圣外王。可是，当资本主义大潮蔓延整个世界时，即便成为一个圣王，似乎也很难拯救一个国家的命运。

直到后来，人们才意识到，在圣王之外还有更重要的东西，那就是制度。

李自成攻入北京城，对中国来说是一个翻天覆地的变化；清兵入关，更是一个巨大的变化。然而，这些变化都比不上英国的资产阶级革命带来的变化。李自成起义只不过是中国历朝历代农民起义中的一个例子，清兵入关也不过是暴力集团发展壮大后的一个必然结果，并无任何特别之处。而资产阶级革命却宣告着完全不同的东西——一种新的思潮、新的制度正悄然崛起。

当乾隆陶醉在十全武功中时，资本主义正在走向工业革命。当乾嘉还在纠结于吏治腐败时，北美殖民地爆发了独立战争；法国制宪会议通过了《人权宣言》，将路易十六送上断头台，推翻封建君主专制。

对这一切，嘉庆不知道，也不想知道。嘉庆时期，国力虽然在不断衰落，但是心态仍旧是天朝大国的心态。对于任何来华的使团，清廷都称为贡臣和贡使。嘉庆虽然在世人眼里是一个庸弱的守成之主，但是对待像暹罗、朝鲜、安南、缅甸、廓尔喀这样的小国，完全是一副君临天下、高高在上的姿态。

在大清充当西方文化使者的最开始都是一些传教士，顺治对西方传教士采取宽容政策，康熙前期继承了顺治的政策，后来因为罗马教皇的强硬态度，康熙下令在中国取缔天主教。从康熙开始，清廷就一直禁止天主教传播。嘉庆继承了先辈的政策，严禁天主教和基督教在中国传播。

当然，像宗教这种东西也是不可能完全禁止的，对此，嘉庆也是睁一只眼闭一只眼。但是，在嘉庆年间，还是有三次查禁西洋教的高潮。对嘉庆来说，这不仅是秉承祖制，也是维护国体。嘉庆多少意识到，西洋教传播的这些东西对于自己的统治是不利的，尤其是上帝面前人人平等这样的思想，很有杀伤力。

在对外贸易方面，嘉庆采取了相当保守的姿态，闭关锁国似乎不是嘉庆的错，不过是继承“祖训”而已。嘉庆绝对有权力改变政策，但他没有这么做，最主要是没有意识到“对外开放”的好处。但即使明知好处多多，如果对帝国有风险的话，相信嘉庆也不会同意“开放”的。

国家嘉庆一个人说了算，不开放也没办法，但嘉庆还给出了不开放的理由：“我天朝上国地大物博富有四海，难道需要跟那些小国贸易赚钱？”嘉庆的意思是，我们很富有，没必要跟洋人做生意。嘉庆还给出了一个理由：“外国佬卖的东西全靠在我们内地销售，而这些钟表、呢绒等东西，又完全是可有可无的。但是我们卖给他们的茶叶和生丝却是生活必不可少的，如果我们停止贸易，他们就不行了。”所以，嘉庆的意思是主动权掌握在我们手上。

嘉庆这些话并不是他自己的思想，更不是他的独创，他不过是重复老爸乾隆的观点。乾隆曾经给英国国王发了一道国书，意思是：“我天朝上国物产丰富，无所不有无所不包，本来是不需要跟你们通商，用你们的货物的。但是因为天朝生产的茶叶、丝绸、瓷器是你们必需之物，如果我们断了通商的话，会使你们的生活陷入极大的困境。所以格外加恩体恤，在澳门等地开设洋行，准许你们来贸易，沐浴皇恩浩荡。”

而随着时间的推移，资本主义下的英国的国力日渐强盛，也越来越不满足于有限的贸易，为了获得更大利益，直接用枪炮打开中国大门，这就是后来的鸦片战争。

嘉庆限制贸易还有一个重要的原因：防止白银外流。他曾经为此叮嘱两广总督：“西洋商船来中国，一船的货物往往能赚取大量的银钱，长期下去会导致中国白银越来越少。就说钟表吧，他们不过是用少量的铜铁制成，结果把我们白花花的银子赚走；还有玻璃，在他们那儿不过是通过一些简单的原材料提取，然后做成窗玻璃和屏风，在中国却能卖到一个好价钱。他们用无用的东西购买我们有用的东西，对我们来说这是一种舍本逐末的行为，长期下去会损伤我国的元气。”

就嘉庆当时的认识来说，他能从经济角度考虑国家的元气已经是很了不起了。嘉庆的担心是正确的，黄金白银是世界的硬通货，如果大量外流，必然会影响国内经济稳定。但是如果因此而终止和其他国家贸易，也是得不偿失的，最好的方式当然是实行纸币，不过这在当时太不现实，当时国与国的贸易只能用硬通货。于是，嘉庆便采取了以货易货的方式。

道光年间曾发生白银大量外流的事件，结果严重地影响了全民的经济生活。这说明嘉庆多少还是有些先见之明的。

嘉庆禁烟

鸦片由罂粟花的汁液制成，最开始是一种药用物品，起麻醉、止痛的作用。

在唐朝时，就有大食（今阿拉伯）商人把鸦片带入中国，当时称作“阿芙蓉”。不久，中国就有一些地方种植罂粟，不过当时规模相当小。明朝时，周边一些小国甚至把鸦片当成贡品进献给朝廷。其时，鸦片的价格相当昂贵，价值等同于黄金。

鸦片变成毒品还是在清初的时候，爪哇等地的人通过管子大量吸食鸦片，逐渐成瘾，人们才发现鸦片的危害。

在西方国家的对外贸易中鸦片是一个重头，对于鸦片，清政府征收的关税也相当高。康熙对鸦片收取重税，大概有限制鸦片进口的意思。雍正对鸦片的危害认识更深一些，曾经下达禁烟令，规定除了药用鸦片，其他鸦片一律为违禁物品，一旦发现，枷号一月，并发配充军；私开鸦片馆的，罪行等同于邪教宣传者，处以绞刑。

雍正的禁烟法令虽然严厉，但其中有一个相当大的缓冲地带，也就是说药用鸦片不算违禁。许多非法商人必定紧紧抓住这个漏洞，先走私或进口药用鸦片，然后再提炼成鸦片烟。

所以，雍正禁烟之后，鸦片的贸易反而逐年增加，这些进口的鸦片无一例外都是以“药用”的身份光明正大地进入中国市场。

到乾隆五十五年（1790 年），鸦片贸易比雍正时增长了二十多倍，看到这个数目，连乾隆也感到惊心，于是下令禁烟，把雍正当年的话重复了一遍。

到了嘉庆时候，鸦片问题更加严重。他知道，他不能再像父亲那样敷衍了事了，他唯一能做的就是正视这个问题。

嘉庆知道，要想解决这个问题一定不能再像父亲和爷爷一样，不可以给鸦片贩子留下缓冲地带。嘉庆宣布：停止征收鸦片税。听到这个消息，鸦片贩子肯定要欢呼雀跃了。不过，嘉庆的话还没有说完：从此以后禁止鸦片进口。这就彻底断绝了鸦片进口的路径，接下来自然是严厉打击走私了。要知道，有利润的地方就一定有商人，他们为了获取巨额利润，身家性命尚且不顾，又怎么会真把禁令当回事呢？

马克思在《鸦片贸易史》里含蓄地赞扬了嘉庆的禁烟政策：“中国皇帝（嘉庆）为了制止自己臣民的自杀行为，既禁止外国人输入这种毒品，又禁止中国人吸食这种毒品；而东印度公司却迅速地把在印度种植的鸦片以及向中国私卖的鸦片变成自己财政系统不可分割的一部分。”

从此以后，鸦片只能通过地下通道在中国流通了，这对于嘉庆来说仍然是无法容忍的。禁烟之后，清政府将与鸦片贩子和吸毒者展开更艰难的斗争。然而清政府虽然强大，毕竟在明处；鸦片贩子虽然分散，毕竟隐藏在暗处，这场战斗谁胜谁负很难轻易下结论。

到了嘉庆四年（1799年），嘉庆又将禁烟政策推进一步：禁止在内地种植鸦片。

嘉庆的禁令对于靠鸦片为生的人来说不啻为大地震，各大公行和商行不得不终止和东印度公司的合作。最不甘心的要属国外的鸦片贩子，好端端的一个巨型蛋糕被人端掉了，他们怎么可能轻易就范。

对这些国外的鸦片商来说，现在最重要的是开辟非法的销售渠道，当时澳门和广州的黄埔水域就是他们走私鸦片的据点。眼看地下走私之火就要蔓延开来，嘉庆岂能无动于衷，他也知道福建和广东两省是非常敏感的地带，在这里一定要布下重兵。

嘉庆再三叮嘱两广总督，一定要把禁烟事务作为重中之重，强力打击走私贩子。

尽管如此，鸦片走私仍然很难禁绝，嘉庆对此也头痛不已。要说自己的禁烟政策不够狠，那不是事实；打击力度不大，也不是事实。究竟原因何在呢？

经过长期的实践，嘉庆终于明白了问题所在。问题就出在那些缉拿鸦片贩子的官员身上，要想查禁成功，必须要求这些官员高度负责。大清官员的德行我们都见识过了，鸦片又是如此暴利的一个行业，这些官员能够抵挡得了糖衣炮弹的攻击吗？

嘉庆终于把目光从鸦片贩子转移到福建和广东两省的官员身上，他明确表示，对于在鸦片问题上渎职和腐化的官员严惩不贷。嘉庆严厉的态度无疑对官员们起到了一种震慑作用。

嘉庆十八年（1813 年），在禁烟政策上，清政府又迈出了一个大步子。嘉庆宣布对鸦片吸食者进行惩治，法令先从朝廷官员着手。官员和侍卫，如果有吸食鸦片的，立刻革职，杖打一百，枷号两个月；一般军人和老百姓吸食鸦片，杖打一百，枷号一个月。

这等于是从终端禁烟，嘉庆的禁烟政策贯穿了鸦片流通的整个流程，可以说是非常彻底的。政策是好的，结果是好是坏完全靠执行了。

这个禁令颁布后，禁烟工作很快就收到了效果，各地源源不断地汇报禁烟政绩，收到这些政绩嘉庆既欣慰又担心。欣慰的是禁烟令终于收到良好效果，担心的是问题可能比自己想象的还严重。

广东是鸦片走私的一个重灾区，为了让禁烟令行之有效，嘉庆拿广东的两个渎职官员开刀，他们分别是广州将军本智和海关监督祥绍。

世人眼中仁弱的嘉庆皇帝以狠、猛的作风终于扼住鸦片泛滥的势头，这是嘉庆干得相当漂亮的一件大事。

嘉庆的禁烟行动是成功的，可惜这份来之不易的政绩在他儿子道光手中全部化为乌有，这是后话。

与英吉利使者的外交风波

跟乾隆一样，嘉庆对于英国的了解是非常肤浅的，所以在与英国的交往中，他依然摆出一副天朝上国的姿态。殊不知，英国此时已经成为了欧洲的海上霸主。

嘉庆二十一年（1816年），英国使者阿美士德奉英王之命访华。跟阿美士德一起访华的代表团中，有很多“中国通”，这些人要么长期跟中国打交道，要么在中国待过很长时间。

与之形成强烈对比的是，中国对英国了解相当少。

副使小斯当东年少时就跟随马戛尔尼访华，受到乾隆的接见。此后，他一直待在东印度公司，频繁地跟中国进行外贸方面的交流。当时他的父亲之所以带着他，就是希望锻炼一下这孩子，小斯当东没有辜负父亲的期望，在旅途中便学会了一些中文。后来，代表团在回广东的途中给乾隆写了一封感谢信，这信就是由小斯当东代笔的。小斯当东在短短时间内就可以用中文写信，由此可以看出，他是一个天才少年。

乾隆接见英国使者时，发现这个小孩会说中文，当即龙心大悦，解下自己的荷包送给他。小斯当东非常重视这个荣誉，一直将乾隆的荷包佩戴在身上。虽然他后来对中国的态度非常强硬，但是内心深处对乾隆还是非常敬仰的。

长大后，小斯当东当上了东印度公司的代理人，漫长的实践让他成为一个"中国通"，是英国人眼中的中国问题专家。

嘉庆也很早就注意到小斯当东，曾经对大臣说："英吉利人小斯当东，以前就随使者入京朝贡，此人当时虽然年少，却相当狡黠，回去的途中将沿途的地理绘制成图册。此后，留居澳门长达二十年，对汉语相当精通。"

英国派出的使团阵容相当豪华，有六百多人，乘坐的是英国皇家海军的军舰。如此郑重地来华，我们不禁要问，他们的目的是什么呢?

这也是当时嘉庆和朝臣的心头疑问。不过，嘉庆仍然能猜得八九不离十，他们来无非是为了通商。

事实上，我们知道清政府并没有禁止海外商人，只不过限制非常严而已。无疑，英国使者这次来的目的就是扩大尺度，改变待遇。加上嘉庆禁烟之后，东印度公司人心惶惶，一笔巨大的财源断绝了，不能不引起英国高层的关注。

东印度公司的管理层给英王写信，要求英政府出面与清廷交涉，取得自由通商的权利。在此期间，发生了一件事情，这件事情让英方极为不满，他们正好可以借着这个机会跟大清磋商一些外交方面的问题。

这是什么事情呢?这件事情本来跟中国没关系，只不过发生在中国的海域。一艘英国军舰追捕一艘美国商船，这艘美国商船为了逃避追捕，故意闯进中国海域。英国军舰也冲了进来，商船进来是小事（至少有经商的借口），军舰进来可就是大事了。当时，中国的水师没有坐视不管，而是动用舰艇将英舰驱逐出去。随后，清廷又在澳门传讯英国一个官员，当面谴责英国军舰侵犯中国主权，并且命令英国所有的军舰都要停泊在外洋，否则全部击沉，而且还要停止与英国的贸易。

也许对英国政府来说，击沉一艘军舰不是大事，但要终止贸易不亚于要了他们的命。英国官员极力辩解说，这都是美国商船挑拨离间，他们不义在先，所以我们才要追捕的，这事真的跟我国无关。

因为这事，中英关系搞得相当紧张。英国派出使者团也有缓和两国关系的意思，英国并非不想通过战争打开中国国门，只是当时的条件不允许。英国和法国长期作战，国力消耗很大，再跟中国打，一时之间他们承受不起，再者英国对于中国还不是很了解。中国一向自称天朝大国，光是这种威势也足以让英国三思而后行。

对于英国使者，清廷保持着警惕。嘉庆对英国的印象特别坏，英国海军曾经抢占澳门，还曾进入中国海域搜捕美国船只，并且不断地向中国贩卖鸦片。嘉庆很想直接拒绝英国使团，但作为一个礼仪之邦的皇帝，他必须克制，展现出应有的风度。

英国使者到来之前，嘉庆就连发上谕，规定使团只准在天津港口登陆，让沿途的文武官员对他们多加防范，还让官员们在接待时不准过于奢侈，天津港口的一些建筑不必重新粉刷，除一些重要的使者可以登岸外，其他闲杂人等一律留在他们的船上，而且要派人严加看管他们的船只。从嘉庆的这些上谕中可以看出，他对英国的反感确实到了无以复加的地步。

所以，这次谈判不会有任何结果。

阿美士德等人到达天津港口后，苏楞额负责接待他们。宴会开始时，苏楞额就给英国使者出了一道难题，他要求英国使者跟他一起行跪叩礼。阿美士德等人表示这绝对不可以，他还说并不是自己不虔敬，只是他们向来没有这个习惯。

苏楞额则表示，这是礼节，进了大清就应该按大清的规矩办事。苏楞额还援引当年马戛尔尼访华时曾向乾隆行三跪九叩大礼的事情，并说副使小斯当东当年也在场。小斯当东正如嘉庆所说的，相当狡猾，他说自己当年很小，对此毫无印象。他既没有否定，也没有肯定。

双方使者就这个问题僵持下去，一直谈不拢。无奈，苏楞额做出让步，并上奏嘉庆为英使说话："这些贡使虽然对吾皇虔敬不二，可惜不敢改变他们国家的礼节，怕回去后受到国王的责怪，所以在行礼时只能按照他们自己的礼节回报皇恩。"

苏楞额如此办事让嘉庆非常不满，嘉庆训斥道："请你让英国使者反复练习大清礼仪，他们什么时候练熟，什么时候让他们进京觐见。还有，你告诉他们，我朝所有的臣民，进京都是按照这个礼节。如果他们练不好这个礼仪的话，永远不要进京。”

然而，苏楞额这人办事似乎缺心眼儿，他竟然违反嘉庆的旨意带着使者进京。嘉庆知道后，给苏楞额发了一道警告性的上谕，吓得苏楞额满头冒汗，立即让使者停止前进，就地操练三跪九叩之礼。阿美士德仍然不肯退让，反复说自己不敢改变本国礼仪，否则国王必然会重罚。

苏楞额表示，这绝对不可以。阿美士德无奈之下，表示可以按照自己国家的礼仪做九次，以此表示对皇帝的虔敬之心。

可是对于嘉庆来说，按照英国礼仪做一百次也不行。气愤之下，嘉庆撤掉了苏楞额。英国使者为什么变得比过去更难说服呢？说到底还是因为他们国力增强了。

新派去的官员仍不能说服英使，但又怕嘉庆责怪，怎么办呢？只能动用中国传统的智慧：先模棱两可上奏，最后出事了推卸责任。

他们上奏说：“贡使们仰承天恩，至诚感服。奴才们让他们操练礼节，可惜他们起跪仍然不是很自如，勉勉强强还算是个礼。”

他们这么一说嘉庆当然高兴了，说明这些使者还是臣服了，只是礼仪不是很熟练而已。就这样，嘉庆让他们带着使者进京。

这天，嘉庆坐在大殿之上，王公大臣、文武百官整齐地站在殿上，无数双眼睛瞪着英使行礼。让嘉庆倍感意外的是，这些使者并没有行跪叩大礼，只用英国的礼仪对嘉庆作揖。官员大为慌乱，居然捏造谎言说："他们之所以不能行礼是因为正使生病了，不能行礼，没有正使带头，其他人都不会。"

嘉庆信以为真，还准备请御医为正使治病。接着，嘉庆让副使过来觐见。官员一听，完了，只能继续撒谎："副使也生病了。"他们清楚，副使小斯当东态度比正使阿美士德更强硬。

嘉庆也不是那么好糊弄的，不可能正副使同时都病了。接着，朝堂之上传来皇帝愤怒的声音："立即将该国贡使遣回国，该国国王的表文也不必呈上，所有贡物让他们全部带回去。"

就这样，一场声势浩大的访华之行草草结束，阿美士德甚至连皇帝的面都没见到。尽管他维护了本国的礼节，却有辱使命，无功而返。

阿美士德返回的途中经过圣海伦娜岛，拜访了囚禁中的拿破仑，阿美士德就此事询问拿破仑的意见。拿破仑认为进入中国后，应该入乡随俗，行三跪九叩之礼。

阿美士德虽然没有完成任务，回国后却因为这事名声大噪，受到英国舆论的一致赞扬，升任为印度总督。

这次外交失败无疑让英王深受打击，也让他更加确信，通过外交途径并不能得到他们想要的东西。小斯当东回去后当上了下议院的议员，多次在议会中宣扬用武力打开中国市场的观点。

战争正在酝酿中。

第七章　嘉庆猝死之谜

皇上在重病之中，热河上空雷声隆隆，电光交错，使整个热河行宫笼罩在一片恐怖而神秘的气氛中。大家似乎都预感到将有大事发生，这一次皇上应该是凶多吉少了。嘉庆的面色在电光之下显得更加苍白，一片死气，嘉庆知道自己逃不过这个鬼门关，无力地招手。大家知道，他是想安排后事。

又一桩悬案

嘉庆二十五年（1820 年）七月，嘉庆带着众人前往木兰围场秋狝。

整个过程可以分为两个阶段，第一阶段是在热河避暑、处理政务，这个阶段占整个过程的三分之二。第二阶段是在秋凉之后前往木兰围猎，一方面是弘扬满族尚武的传统，另一方面也是会见蒙古王公，处理好和蒙古的关系。

七月十八日早上，嘉庆从圆明园起驾。随行的包括嘉庆年轻的妃嫔，还有御前大臣、军机大臣、内务府大臣。此外，还有皇次子、皇四子和皇长孙。一行人浩浩荡荡地启程了，当时谁也没有料到这将是嘉庆皇帝人生的最后一段旅程。

二十三日，嘉庆到达喀喇河屯行宫，这天，嘉庆就感到有些不舒服。出了古北口后，塞外的凉意扑面而来，加上昼夜温差变大，嘉庆的身体不适变得更明显，不过他对此并没有在意。二十四日是嘉庆前往热河行宫的最后一天，整个路上嘉庆都是坐在轿子里，其他人都是骑马。

嘉庆似乎有些疲惫，在轿子里总打瞌睡。行至广仁岭的时候，忽然一股清新的空气流入轿中，嘉庆顿觉精神清爽了许多。他下令停轿，出来一看，发现周围峰峦叠翠、树木葱郁、峡谷幽深，好一派自然的神韵。嘉庆感觉精神好多了，便让人备马，说：“这条路是皇祖康熙爷开辟的，朕要策马走过广仁岭。”

未来的皇帝绵宁劝他说:“皇阿玛年高,还是坐轿子吧!”身边的太监也劝说:“皇上还是坐轿子好。”

这些太监常年跟在嘉庆身边,太了解他的身体状况了,嘉庆虽然看上去没什么大病,但晚年的他,身体肥胖而松弛,用现在的话说有高血压和冠心病。太监深知,对于骑马这种剧烈的活动,嘉庆的身体根本承受不了。

嘉庆跟清朝的其他皇帝一样,不服老,别人越是这样说,他越不信邪。于是,他一意孤行,纵马奔驰。就这样,嘉庆一直骑马到热河行宫,到了热河后,嘉庆出了不少汗。

当天晚上吃过晚饭后,嘉庆就感觉不是很舒服。他仍然没有在意,可是躺下来之后就非常难受了,手脚有刺痛的感觉,四肢乏力,胸口闷。

嘉庆迟迟不能睡着,到了下半夜,痰气上涌,他备受煎熬,神智有些模糊了,处于似睡非睡的状态。嘉庆觉得自己可能是受了风寒,便让太监去给自己熬一些姜汤,喝完姜汤之后,嘉庆仍然觉得寒冷。身体虽寒冷,头脑却有些发热,思绪非常乱,嘉庆一辈子做得最利索得意的事情是大丧期间诛杀和珅,可是后来他却很痛苦很烦恼,虽然尽力把事情做好,但是清帝国的问题千头万绪,总不能做得完美,只能勉勉强强,过意得去。

七月二十五日清晨，嘉庆在昏昏沉沉中醒过来，此时的他显得非常苍老，脸皮松弛。他觉得非常虚弱，呼吸也很困难。尽管如此，嘉庆仍然坚持下床。上午，嘉庆病情加重，说话越来越困难，但他的头脑还是清醒的，所以他坚持处理政事，在这种情况下仍然颁布了一道人事任命。

下午，嘉庆的病情更加严重，痰气已经严重堵塞气管，说话非常困难了。身边的人急得直跳脚，却毫无办法，连御医都束手无策。绵宁和其他大臣只能在佛堂里祷告，祈求上天的保佑。

就在嘉庆弥留之际，热河上空电闪雷鸣，仿佛连老天也对人间这一幕变故感到震惊。当时那个情景真够吓人，当地的百姓好久没见到这么恐怖的情景，雷电交加，大雨倾盆，百姓都躲在家里不敢出去。

皇上在重病之中，热河上空雷声隆隆，电光交错，使整个热河行宫笼罩在一片恐怖而神秘的气氛中。大家似乎都预感到将有大事发生，这一次皇上应该是凶多吉少了。嘉庆的面色在电光之下显得更加苍白，一片死气，嘉庆知道自己逃不过这个鬼门关，无力地招手。大家知道，他是想安排后事。

嘉庆艰难地对皇子绵宁和身边大臣们说："密匣……"

嘉庆的声音虽然很微弱，大家还是能听出来，大臣们竖着耳朵等待嘉庆说出密匣藏在什么地方，绵宁更是焦急。可惜后面的话已经气若游丝，只看到嘉庆的嘴唇在嗫嚅，没人能听出他在说什么。接着，嘉庆就缓缓闭上眼睛，再一试探鼻息，已经没了呼吸。

众人齐刷刷地跪下，哭号震天，行宫里到处喊着“皇上驾崩了”。

嘉庆暴死时绵宁已不年轻，对政事也有了足够的历练。当时虽然没有找到密诏，但皇后钮祜禄氏顾全大局，没有偏私将皇位传给自己的儿子，而是果断地支持绵宁当皇帝，是为道光帝。因为钮祜禄氏的谦让和明智，一场潜在的危机无声无息地被化解，这是大清朝的福气。然而嘉庆留给道光的是一个烂摊子，道光能将清帝国从倾颓中挽救过来吗？

第八章 江山如画，风雨如晦

道光一心想整顿吏治，可是事与愿违，腐败似乎是大清国的痼疾，就是把古代的三皇五帝和后来的秦皇汉武唐宗宋祖全部叫过来，似乎也解决不了这个问题。

官僚集团的腐败和残酷往往是纠结在一起的，贪官多的地方，酷吏也多。

不错的小伙儿

历史学家对清朝的衰败有这样一个评价：始于乾隆，嘉庆在中间起了一个缓冲作用，到道光手中衰败开始一发不可收拾。

如果我们认为道光是一个不务正业、荒淫无耻的皇帝，那我们还真错了。道光这个人跟他老爸嘉庆一样，也是一个努力的人，为什么他越努力国家越衰败呢？主要原因固然跟世界大势走向有关，但也有他自身的原因。道光虽然很勤奋，但是他的才能真的很一般，别说跟他的祖宗康熙雍正比，就是连他的老爸嘉庆也比不上。

道光最大的一个缺点是不会用人，他的曾祖父雍正曾说："国家大事用人是根本，其他都是枝叶。"然而，道光在用人方面别说跟雍正比，就是跟父亲嘉庆相比也相差千里。道光用人是彻头彻尾的失败，这将在后面提到。

肯定就有人好奇了，道光才能如此平庸，怎么会当上皇帝呢？

如果说不把道光看成一个皇帝，而是一个普通人、正常人，那么道光还是一个不错的小伙儿。道光刚出生时就引起了乾隆的注意，这至少说明他刚生下来的时候是一个健康的小孩，长得肯定也不差。

乾隆五十四年（1789 年），有一件事让乾隆印象非常深刻。

一天，乾隆带着大队人马到木兰围猎，途中发现了一只鹿，乾隆意兴风发，弯弓拉箭，可惜没射中。再射一箭，还是没中。乾隆一看，厚着脸皮说："大家看到没有，朕刚才的射法是射不中的，朕故意这样射是希望大家引以为戒，不能按照这种射法射，现在把这个机会交给皇子皇孙们，射中了有赏。"

皇子们都是成年人，谁敢表现得比老爹箭术高明？但是皇孙们年纪还小，心地单纯，纷纷使出浑身本领。可惜没有一个人射中，直到我们本章故事的主人公绵宁出场。绵宁不到十岁，连射了四箭，中了三箭。

看到小孙子这么英武，乾隆非常高兴，赏给他一个黄马褂，把小孙子抱起来，喜爱非常。有人认为，乾隆生前就已经确定了绵宁为嘉庆的继承人，这个说法有待考证，不过绵宁深得乾隆喜爱却是不争的事实。

梦想做一个好皇帝

嘉庆二十五年（1820年），清朝第八位皇帝道光登基。

新皇登基本来是一件好事，但是大家都高兴不起来，因为谁也不知道等待道光的是什么，明眼人都知道清帝国就像一艘百孔千疮的大船，随时都有沉没的危险，道光自己的手心里也捏着一把汗。

道光的不幸之处在于，他不仅要对付国内的不安分力量，还要应付正处于扩张期的西方势力。他的父亲嘉庆“撵走”了英国使者，这个苦果却要让他来背，这多少有些不公平。道光对西方世界一无所知，他的父亲嘉庆还多多少少了解一些。

道光刚登基的时候，也很想有一番作为。跟嘉庆一样，道光也知道下面官员很腐败，他也想遏制腐败，非常渴望成为汉高祖、唐太宗那样的明君。

接下来，我们又看到了熟悉的一幕，皇帝非常勤政，常常通宵达旦地批改奏章，对于政务事无巨细都要询问。这些并不是虚构，而是真实的，道光也不是在作秀，而是真心想把国家治理好，成为名垂千古的圣君。

素服期间，道光让各部门不要耽误政事，尽快把奏折送上来。他希望自己以身作则，改变日益不张的吏治。

关于道光的执政水平，我们不妨看看晚清作家李伯元在《南亭笔记》中的一个记载，李伯元虽然是用小说的方式讽刺道光，但多少反映了道光在执政上面的糊涂，翻译下来便是：

道光在御极殿召见某个亲信的官员，当时正是夏天，道光略有疲惫之意，便问该官员有没有什么消遣疲倦的法子。官员说：“臣觉得读书最适合消遣解闷。”道光说：“读书固然好，但是也要有新奇的书啊。内务府的书我都读遍了，不知道还有没有什么好书？”官员说：“好书很多，譬如《金瓶梅》《红楼梦》等，都是不可多得的好书。”道光听了以后双眼茫然，让人记下了这些书。第二天，道光到军机处见潘文恭，笑问：“听说爱卿家里藏书颇多，一定有《金瓶梅》《红楼梦》等书吧？”潘文恭听了大惊失色，跪地叩头。道光说：“我只不过是向卿借书而已，你何至于此啊！”潘文恭这才说道：“这些书臣家里可不敢藏，不知道皇上是从哪里听到这些书的？”道光默然，这才下令对那个荐书的官员进行处罚。

这个故事无非是说道光孤陋寡闻，委婉地暗示了道光虽然人品还行，但能力不行。

道光也对朝臣说：“为政首在得人，安民必先察吏。”等于是把雍正和历代圣王的话重复了一遍，虽然了无新意，至少说明此人并不糊涂。

道光还提出了考核官员好坏的标准。

第一，是否实心奉公。在道光看来，尽心尽力办事的才是好官员，那些夸夸其谈的多半是不合格的官员。所以，道光提倡在官场上要言行一致，不能光说好话不做好事。

第二，要正直，要敢于直言。道光气愤地说，现在官场欺瞒成风，人人都不说实话，这样下去吏治怎么行得通呢？要敢于说真话，哪怕冒犯皇帝也没关系，千万不要阿谀奉承，千万不要欺上瞒下。许多吹捧道光的官员被道光骂为逢迎之徒，江西学政王宗诚因为江西丰收，称颂这些都是仰赖圣德。道光给了他一个“巴掌”，骂他空谈无理的言论，谄媚不实，以后不可如此。

道光武艺不错，有人夸奖他箭术高超、百步穿杨，简直就是当代的养由基。道光骂他信口雌黄，净作无用之谈。看到臣下拍马屁成风，道光知道自己必须效法唐太宗，鼓励官员犯颜直谏，哪怕因此语言显得狂悖都没关系。

第三，要任劳任怨，不避嫌怨，遵纪守法。在道光看来，吏治腐败的一个重要原因是各级官员把自身的利益看得太重，把国家的利益看得太轻。道光特别指出，各级官员应该把国家的利益作为重中之重，要敢于作为，不怕困难，即使遇到挫折和诽谤也不要退缩，国家是不会辜负正直清廉的官员的。

道光也没有把这些流于口头上，规定了每三年对官员进行一次考核，把那些不能胜任的官员全部淘汰，换上一批能干的人。在这个过程中，道光屡次颁布雍正、嘉庆的谕令，由此可见此人虽然励精图治，但是创造力确实欠缺，治理国家一再照搬过去的东西。

在整顿吏治的过程中，道光处罚了一批官员。豫亲王裕兴是被处罚的官员中级别最高的，他欺负婢女，导致后者羞愤自杀。道光获知此事后，革去裕兴的王爵，并圈禁三年。庄亲王奕賨和辅国公溥喜等人吸食鸦片，道光予以严惩。镇国公绵顺带着妓女到庙里唱戏，道光认为其卑鄙无耻，对他严加惩罚。这些皇亲贵胄尚且受到惩治，其他人就更不用说了。

对于官员的腐败，道光也是深有感触，他忍不住感慨："多设一官，不过是为老百姓多增一害。"

所以说，道光刚上台时的表现还是可圈可点的。我们来看看他刚上台那会儿的政绩吧！

一、实行精兵简政政策，限制衙门里公职人员的数目，裁减冗员。到道光十年（1830 年），共裁撤了两万三千九百多名官员。

二、控制捐输，限制督抚属员随意提补。卖官是清朝的一个公开政策，目的是补贴财政收入。但这个政策无疑会公开助长腐败，道光进行了有限度的改革，他并没有杜绝捐输，但是却禁止现任官员加捐职衔。

三、加强宗人府的管理。宗人府是管理皇家事务的机构，道光有感于宗室子弟日益腐败，着意加强对他们的管理，提升皇家子弟的素质。道光四年（1824 年），宗人府还将一些皇室子弟送到边疆地区锻炼，一方面可以减少他们对社会的危害，另一方面也可以让这些人通过艰苦的生活锻炼出良好的身心素质。

四、限定案件的审理期限。办案拖沓是官场的一个通病，很多案子由于长期积压，导致许多人屈死狱中。清廷最高领导人道光认为这种情况会导致许多家庭家破人亡，增加他们对社会的憎恨，如果不能有效处理，对大清国是很不利的。所以他限定了案件的审理期限，京城的衙门必须一个月内结案，州县的衙门时间更短，二十天就必须结案。上司的批复在一个月内必须申报，刑部审核的话，要根据不同案情分别在十天、二十天、三十天内结案。对死罪案件的定决，从报上来到判定要在七十天内完成，监候限八十天。

求贤若渴

史载道光虽然不善于用人，但是对用人的重要性还是高度重视的。

道光曾明确表态：“国家以贤才为宝。”说起来容易，但是真正发现人才、提拔人才还是比较困难的。如何选拔出优秀的人才，是道光最为关心的事，但是他也没有很好的办法，只能一再发出求贤诏书。

道光主要通过哪些方式选拔人才呢?

第一种方式还是老办法——科举正途。科举制度虽然会造就一大批迂腐的读书人，也就是今天说的高分低能，但是也能选拔出一些非常优秀的人才，这在历朝历代都有。科举是中国封建社会选拔人才的主要途径，尽管有种种弊端，但无疑还是坚持着机会面前人人平等的原则。

第二种方式是推荐。这也是清朝的一个传统，地方督抚有一个重要职责就是保荐官员。保荐官员可能会出现两种情况，一种情况是这个官员确实能干贤明，另一种情况是该官员可能平庸，甚至品性恶劣。一般情况下，如果被保荐的官员平庸无能，道光不会追究保荐人的责任，因为这与保荐人的眼光有关。如果被保荐的官员人品存在很大问题，撤职后依然做违法的勾当，那么就要追究保荐人的责任。正所谓外举不避嫌，内举不避亲，既要鼓励保荐人的积极性，又要杜绝保荐人徇私舞弊。

保荐确实可以让国家选拔出一些优秀的人才，譬如大名鼎鼎的林则徐就是通过保荐升职的。林则徐是嘉庆十六年（1811 年）的进士，道光二年（1822 年），当上淮海道，后署理浙江盐政使，不久又升迁为江苏按察使。道光四年（1824 年），升署理江苏布政使，道光十一年（1831 年），升任东河河道总督。道光十二年（1832 年），任江苏巡抚。林则徐是一个正直的人，他能在官场飙升离不开道光的政策支持。林则徐也没有辜负道光的期望，确实为国家尽心尽力，办了不少好事。

在治国的过程中，我们可以看到道光对人才是何等饥渴，所以他能够做到不拘一格，越级提拔人才。杨发和田大武本来只不过是普通士兵，在平定张格尔的叛乱中侥幸生擒了贼首张格尔，道光非常高兴，提拔杨发为甘肃宁远堡守备、田大武为陕西抚标左营守备。道光甚至亲自接见这两人，当面夸奖他们年富力壮，是可造之才。

道光选拔人才的第三种方式是考核政绩。作为一个皇帝不可能事必躬亲，也不可能对帝国的官员都了解，只能根据一些政绩的数据来判断。虽然政绩可以作假，但不能不承认这也是一个相对客观的标准。

道光选拔人才的第四种方式是从源头抓起。所谓人才一般都是读书人，所以学院的教育要抓紧，因为这直接关乎人才的素质。道光这个办法用今天的话来说就是投资教育，投资教育不能是一句空话。道光也知道这个道理，所以他拨款给一些知名的学院，甚至将良田大宅让给书院。这是实实在在的支持，虽然未必会有多大的效果，投资力度也不大，但可见道光对人才实在很渴望。

道光所用的这些方式只不过是对历代圣王选人用人的总结，并没有多少创造性，但能真心实意地去做，已经很难得了。

为何世人又评价他用人一塌糊涂呢？换句话说，为什么道光就这么跟人才无缘呢？难道他不够真诚吗？这看起来似乎是一个无法解决的矛盾。

首先，我们必须得说，当时的官僚机构确实太腐败了。官僚集团已经形成一个庞大的势力集团，即便是皇帝，在这个庞大的集团面前也显得相对无力。当既得利益群体把持了权力之后，他们能允许道光提拔一些干练果敢的人才来损害自己的利益吗？显然是不能的。而且道光如果真想提拔出王安石、张居正这样的人，势必会损害这些集团的利益。这是客观原因，怨不得道光，以道光的能力不可能有雍正的魄力。

其次，各地举荐的人大多是庸才，因为很多官员本身就是庸才，他们能举荐出比自己能力还强的人吗？如果真有这种魄力，他们也就不是庸才了。所以，这是一个恶性循环，一般人只会提拔能力低于自己、能受自己控制的人。然而，这对于道光治国却极为不利，得不到人才，他的所有改革都会成空，功比汉高祖、唐太宗的梦想只能是梦想。

再次，道光想通过科举的方式选拔人才，这是正常的诉求。但是当时科场腐败深入骨髓，从科场中选拔出来的精英寥寥无几，若不整肃科场，如何能够选拔出优秀的人才？道光看问题做事情不够全面深刻，没有想到帝国的问题盘根错节，如果没有破釜沉舟的胆识是很难解决问题的。

最后，道光虽然求贤若渴，但往往是说得多，真正做起来就不那么给力了。我们可以通过一些实例来说明。

道光最信任的两个人，一个是曹振镛，一个是穆彰阿。曹振镛是典型的张廷玉派弟子，据说他提出“多磕头，少说话”的理论，虽然曹振镛的官场哲学跟张廷玉类似，但是能力远远比不上张廷玉。曹振镛这个人最害怕自己提拔的人超过自己，所以有意识地提拔一些才能平庸的人，这样这些人就威胁不到自己的地位。而穆彰阿是个大贪官，他与曹振镛联手将道光蒙在鼓里。道光居然让这两人把持朝政，由此可见他说得虽好听，但一到实际问题上就是睁眼瞎。

我们不能认为道光就此表现出来的姿态全是作秀，他应该是真诚的，只是面对错综复杂的现实，太缺乏手腕和力量了。用现在的话说，心是好的，只是把事情办砸了。

贪官酷吏超级多

道光一心想整顿吏治，可是事与愿违，腐败似乎是大清国的痼疾，就是把古代的三皇五帝和后来的秦皇汉武唐宗宋祖全部叫过来，似乎也解决不了这个问题。

官僚集团的腐败和残酷往往是纠结在一起的，贪官多的地方，酷吏也多。

道光十四年（1834 年），广东番禺县出现了一个新鲜的玩意儿。这种东西由来已久，只是从未被记入史册，所以对道光来说非常新鲜。可是它一点都不好玩儿，引起了道光很强的反感，这是可以理解的。

番禺县居然私设班房监狱。这是什么概念啊，等于是利用手中的权力设置一个私人监狱，凡是自己看不惯的都可以抓进来，而且私设的监狱不受国法限制，官员只要能瞒得了上面，完全可以成为一个隐蔽角落的小暴君。不用想象我们也知道，在这种班房里，虐待犯人肯定是家常便饭。

番禺县衙门附近布满了这种班房，顺德衙门东面的“知遇亭”，就是这样一个地方。凡是被虐待得快死的人，都丢到这里等死。像这样的私设监狱在许多县里都有，进了班房比进正规监狱下场更惨。许多班房把人关押在囚笼里，人在里面连腿都伸不直，活生生猪狗都不如。

班房里的差役更是以虐待犯人为乐，要想不被虐待，必须支付大量的“赎罪钱”。“合法伤害权”被差役们玩得如鱼得水，这些差役似乎个个都有折磨人的天赋，他们想出的酷刑花样百出，往往让犯人们叫苦不迭。但凡有钱的人，谁都会选择破财消灾，没钱的人，只好自认倒霉了。

这些酷吏为了敛财，甚至故意捏造案情逮捕当地的有钱人，大家都不是傻子，知道被这帮流氓盯上了，只能拿钱赎人。没钱的人，或者不肯出钱的人，往往会被这些流氓打死。

这些穿着官服的地头蛇在乡里横行霸道、欺男霸女，百姓深受其害，却拿他们毫无办法。

四川仁寿县县令恒泰收人贿赂以后，将强奸改为通奸，还将无辜平民定为江洋大盗，将其虐待致死。有的犯人被带到公堂上，恒泰什么也不问，居然先下令给犯人打两三千小板，结果很多犯人还没有接受审问就被杖毙。草菅人命在各个地方已经形成了一种办事习惯。

道光虽然精兵简政，裁减冗员，其实也是一项虚政。道光确实裁减了不少冗员，但是他裁减的只是正式登记在册的官员，换句话说是朝廷命官，然而背后大概有十倍的白员。所谓白员就是没有经过政府授权，却在政府部门任职的官员。这个庞大的冗员队伍俨然是帝国长出来的肿瘤，不割去帝国是不可能起死回生的。

道光十五年（1835年）四月十八日，有人查出湖南宝庆府邵阳县在监狱之外私设了三个班房，分别为外班房、自新房和中公所。这三个班房里每年“病死”的人不计其数，成为当地百姓眼中的公害。

道光明确下令禁止动用一切非法私刑，禁止虐待犯人，并且痛斥各地县吏如狼似虎，伤天害理。道光的禁令或许能起到一时的作用，但肯定不会有实质性的作用。

道光时期，清朝的吏治灾害已经形同蝗灾，铺天盖地，无人能治，无人能医。到最后，道光也只能像嘉庆那样仰天长叹，发出“顺其自然”的感慨。

不是道光不想管，而是他真的管不了。

第九章 遗诏引发的风波

早朝结束后，道光把曹振镛留下来，曹振镛以为有什么大事，没想到道光问他鸡蛋多少钱一个。曹振镛是何等精明的人，立刻明白了道光一定是对御膳房起了疑心，想知道御膳房有没有揩油。曹振镛便捂着肚子说：“不知道，老臣这几天胃口不好，没有吃鸡蛋。”一个朝廷重臣，却连御膳房的人都不敢得罪，可见此人为官之圆滑。

这事得从乾隆出生说起

道光在宝座上屁股还没坐热，乾隆的身世之谜就被提了出来，最终引发了一场争端。

嘉庆死后，道光让军机大臣代拟嘉庆遗诏，由于嘉庆在避暑山庄崩逝，遗诏中不可能不提到避暑山庄。恰好，避暑山庄跟乾隆特别有渊源，很多人包括嘉庆都认为乾隆出生于避暑山庄。于是，我们从遗诏中看到了这样的话：“况避暑山庄为皇考降生之地。”拟诏的人是想说避暑山庄为风水圣地，高宗乾隆出生于此，嘉庆也逝世于此，说明此地与大清关系密切。

我们知道，乾隆一再强调自己出生于雍和宫，遗诏中的说法无疑挑起了这个敏感的问题。当然，一般人还发现不了它。

最早指出这个问题的是翰林院编修刘凤诰，不过那时遗诏已经昭告天下。刘凤诰之所以能发现这个问题，是因为他曾经编修过《高宗实录》，知道乾隆曾在诗作中三次提到自己出生在雍和宫。当时，刘凤诰把这个上报给嘉庆，嘉庆感到意外，因为嘉庆一直以为乾隆出生在避暑山庄。既然皇考自己这么说，那就定为雍和宫吧，嘉庆对此事并未重视，在一向务实的嘉庆眼里，这不过是细枝末节。

《高宗实录》虽然采纳了乾隆出生于雍和宫的说法，但是这个说法并没有广泛流传。《高宗实录》不过抄录了五份，分别保存在紫禁城、圆明园和沈阳故宫等地方。别说一般老百姓不知道，就是军机大臣也无权查看，因为这东西就相当于乾隆的档案。

谁也没有想到，刘凤诰之所以提出这个问题并不是为了揪着这个细节不放，他是有目的的，而且背后指使者很可能就是道光。刘凤诰之所以这么做是因为他跟拟定遗诏的军机大臣托津有很深的矛盾，我们先来了解一下刘凤诰这个人。

刘凤诰官职不过七品，但能在翰林院担任编修已经说明此人是饱学之士。既然是有名的才子，书法和文章都相当出彩，曾经是殿试中的探花，理应前途无量。不过，这人有个毛病，恃才傲物，派头太大，口无遮拦，又纵饮无度。如果仅仅是生活作风有问题，也不至于惨到做一个翰林编修，嘉庆也曾重用过他，让他担任浙江考区的主考官。可惜，他辜负圣恩，在主考期间舞弊，最后嘉庆决定将他流放。

刘凤诰和托津的矛盾就是在这时结下的。嘉庆本打算把刘凤诰流放到新疆，托津忽然跳出来说，不行啊，新疆这地方可不像从前了，经过多年的发展，新疆已经相当繁荣了。干脆把他流放到黑龙江吧！那地方冰天雪地，适合改造啊！嘉庆一听，觉得托津的话有道理。

刘凤诰后来了解到背后给自己难堪的人就是托津，恨得咬牙切齿，待在黑龙江几年的时间里，无时无刻不想着将来报一箭之仇。

如果不是嘉庆仁慈，刘凤诰本来不知还要在黑龙江待多久。那嘉庆是如何想起召刘凤诰回京的呢？说来也是巧合。

一天，嘉庆闲着没事干，就拿起《高宗实录》翻着看，看到这么一节：一名官员的父亲重病，当时该官员要务在身，不能及时回家探望父亲，无缘见父亲最后一面，乾隆对此深为感慨，在《高宗实录》里接连表达歉意。看完这节，嘉庆深为皇考的仁德感动，因此对乾隆起了追思感念之情。嘉庆再翻看《高宗实录》，看到扉页的编者中有刘凤诰的名字，想起刘凤诰正在黑龙江受苦，心里不忍，便把他召了回来。

在嘉庆朝，刘凤诰始终没有找到机会弹劾托津。到了道光朝，这个机会来了。不过，刘凤诰人微言轻，如何才能告倒位高权重的军机大臣托津呢？必须找后台，刘凤诰想到了以前翰林院的头儿曹振镛，此人现在地位甚高，有他撑腰，一定可以。

曹振镛从乾隆时期就开始做官，一路凯歌，中途没有遇到任何危险，宠冠乾、嘉、道三朝，官龄长达五十余年。直到八十岁时，才因为实在过于老迈而退休。这样的人历朝历代都少见，固然平庸，但也不得不承认他多少还是有智慧的，至少适应能力特别强，八面玲珑之术炉火纯青。

曹振镛跟托津的关系也不好，乐得做一个人情，跟道光把这事说明白了。没想到，道光听了竟大喜。

平庸的皇帝，平庸的大臣

道光高兴什么呢？

道光高兴的是自己掌权的时候到了，自古新君登基没有不想一展宏图的，而要有所作为，那些位高权重的老臣大多是障碍。道光急需给军机处来一次大换血，把里面都换成自己的亲信。

军机处是清朝权力最大的一个机构，当然刚开始的时候并不是这样的，只是这个部门跟皇帝的关系最密切，最后自然而然地就变成了清政府中最有权力的一个部门。军机处是雍正破天荒的一个发明，相当于皇帝手中的一柄权杖。

朱元璋废除中书省和宰相后，虽然大权独揽，但害苦了自己。天下那么多事，一个人忙不过来。没办法，皇帝最后只好成立内阁辅佐其处理政务，这样一来，内阁首辅其实就相当于宰相。宰相制度表面上是废除了，但实际上仍然存在，这是因为在行政机构里需要这样一种职能的机构，它不会因为强制被废而消失。

雍正创立的军机处本质是做着内阁的事情，但又不能享有内阁和宰相的权力。雍正将军机处改造成依附于皇帝的机构，而不是依附于国家的机构。打一个通俗的比方，雍正这是把以前服务于国家的宰相变成服务于自己的宰相，也就是说行使宰相职责的大臣们从此以后不可以以国家的利益为第一，而必须以皇帝本人的利益为第一。

所以，我们说雍正创立军机处将中央集权发挥到极致，从此天下就是皇帝一人的天下，以前宰相和内阁还能对皇帝提出反对意见，现在他们没有这个权力和底气了。

道光即位时，军机处首席大臣托津六十多岁，二把手戴均元七十多岁，在道光看来，这些人都太老了，思想很古板，不堪重任。再说了，这些人很可能仗着资历老，阻碍自己的政令施行。于是想到把这班人换掉，换成自己信任的年富力强的班子。何况这些军机大臣才干平平，架子却相当大，总喜欢在新皇帝面前倚老卖老。

道光可是个志向高远的皇帝，他能受得了这帮前朝旧臣指手画脚吗？

但是要把他们撤掉也不是一件容易的事情，这些人根基深厚，只有抓住切实的把柄才能下手。机会来了，带来这个机会的人正是刘凤诰，由于其中涉及的利益巨大，所以我们真的很难说是刘凤诰的行为激起了道光的灵感，还是道光从一开始就指使刘凤诰这么干。

当刘凤诰上奏弹劾军机大臣托津等人在遗诏中出现的错误时，道光立刻借机大做文章，给军机大臣下了一道圣旨，大意是："皇考去世之时，朕陷入了极大的悲痛之中，让军机大臣代拟遗诏，所以当时未能看出其中的错误。现在出现这么大的错误，不得不承认朕也有责任。朕原本以为军机大臣们任职多年，拟的遗诏不会有任何问题，没想到今朝铸成大错。各位大臣，你们说说应该怎么办吧？"

大臣们也不是省油的灯，他们辩解说在嘉庆的诗集中提到乾隆出生在避暑山庄，至于《高宗实录》中的记载，他们确实不知道，《高宗实录》藏在内廷中，他们也没权力看。

这个辩解是无懈可击的，军机大臣们成功地把责任推开。道光不可能再找到更有力的证词驳倒他们，所以他选择了不讲理的策略，直接说军机大臣误会了嘉庆的意思，完全是在狡辩，推卸责任。然后将托津和戴均元两人从军机处轰出去，其实，起草遗诏的并不是托津和戴均元，但他们身为军机处的领导，道光把过错全推到他们身上，并没有处罚其他人。道光这么做已经是不加掩饰地打击他们了。

道光的目的达到了，从此也没有再为难这两个人，这两个人也以高寿善终。随后，曹振镛顺利地进入军机处，成为首席军机大臣。

曹振镛很会做人，想必这是他当上首席军机大臣的一个重要原因。在下属眼里，曹振镛没有架子，还很谦逊。曹振镛谦逊到什么地步呢？有一次他遇到一个皇家的人，要进入一道门，两人互相谦让，这个说你先进去，那个说还是大人先进去。结果谦让了很长时间，搞得大家都不能进去。最后有一个下官不耐烦地说："这是朝廷，不是你的家里。"曹振镛满脸通红，但是仍然笑容可掬。

曹振镛这个人虽然八面玲珑，但是操守还是相当不错的，不受贿，学问精深，做事认真仔细。他始终秉承着这样的宗旨："不求有功，但求无过。"在官场上，曹振镛是个出了名的好好先生，有一次道光给翰林院出了一道题，谁也看不懂，更不知如何作答，道光大骂翰林院不学无术。接着，道光便问曹振镛："老爱卿懂吗？"曹振镛认真看了看，说道："不懂。"其实，曹振镛是故意装不懂，不愿得罪翰林院。

还有一次，早朝结束后，道光把曹振镛留下来，曹振镛以为有什么大事，没想到道光问他鸡蛋多少钱一个。曹振镛是何等精明的人，立刻明白了道光一定是对御膳房起了疑心，想知道御膳房有没有揩油。曹振镛便捂着肚子说："不知道，老臣这几天胃口不好，没有吃鸡蛋。”一个朝廷重臣，却连御膳房的人都不敢得罪，可见此人为官之圆滑。

尽管如此，曹振镛这个人还是相当符合道光的胃口的，道光需要的就是这样一个跟自己一样平庸谨慎的人，这对于道光来说是一种精神上的默契。

在重臣曹振镛的躬行下，官场中“多磕头，少说话”的作风愈演愈烈。此后，曹振镛掌管军机处长达十五年，影响了整个道光期间。所以有人评价说，道光朝的吏治腐败曹振镛是罪魁祸首，这个说法虽然有道理，但很不公平。如果没有道光的欣赏，曹振镛能成为领导百官的首席军机大臣吗？归根结底还是道光的责任，作为皇帝，用谁不用谁都是他说了算。

曹振镛一生做官五十多年，没有留下什么值得一提的东西。只给后人留下了“多磕头，少说话”这六个字，用现在的话来说就是明哲保身，谁也不要得罪。

曹振镛也是一个很细心很有头脑的人，不过他的聪明更多的还是一种小聪明。道光刚当皇帝的时候，对纷繁的政务感到焦头烂额，每天的奏折多得批不完。他心烦意乱，真不知道当年雍正是怎么批下来的。

宰相的作用就是为皇帝分忧，这曹振镛名义上虽不是宰相，但权力比宰相还大。皇上有苦，曹振镛便想出一个计策，对道光说："当官的喜欢不断上奏折发表看法，一方面是表达忠心，另一方面也是为了显示工作态度积极。但是皇上想过没有，这些官上奏折可不需要自己动笔，他们身边多的是师爷，可皇上就苦了，这奏折只能由皇上一人批啊！但皇上也不能禁止他们上奏折，怎么办呢？臣建议这些奏折不必全看，皇上可挑其中的一些细节来做文章，然后给官员以处罚，这样官员们就会以为皇上明察秋毫，不敢欺骗皇上了。官员们如果不敢随便上奏折，或许就不会有这么多奏折了，皇上，您觉得如何？"

这些话全说进了道光的心坎儿里。别说，这个办法还有点管用，道光每逢批奏折批得头晕的时候，便翻开这些奏折，从中挑毛病。这些毛病虽然是小问题，但是道光可以把问题搞大，他说你这个字写错了，怎么回事？一定是工作极不认真，连字都可以写错，足以说明平时玩忽职守。一个错别字的问题就可以把你撤职。

果然，这么一来，天下的官员都以为道光明察秋毫，不是一个容易糊弄的人。

不少官员因为害怕出现错别字得了强迫症，尽管官场好像变得更严谨，其实是变得更糟糕，实事求是的精神反而越来越淡。

让我们公正地看看曹振镛这个人吧！这个人肯定不是奸臣，但是他是一个“好好先生”，在他的带领和倡导下，官场上平庸圆滑之风越刮越烈。这样的人，如果在太平盛世还不会造成太大的危害，但是道光朝正处于清王朝衰落的关键时刻，这时需要的是像曾国藩、左宗棠那样力挽狂澜的人，而不是四面讨好、八面玲珑的“好好先生”。

重用曹振镛是道光在用人上最大的失败，真是什么样的皇帝用什么样的大臣。

第十章　史上最抠门的皇帝

在节俭方面，道光做到了极致，也终于收到他想要的“效果”。满朝文武上朝之时几乎都穿着打补丁的衣服，感觉就像是在开丐帮大会。没办法，在道光手下做事，寒碜是必需的。如果道光发现某个官员衣着华丽，立刻会表现出不满的情绪。

今年过节不收礼

跟父亲嘉庆一样，道光也崇尚节俭，不过他似乎做得有些过头了，引来一些历史学家的嘲笑。

道光的节俭跟嘉庆的节俭有什么不一样的地方呢？嘉庆的节俭是一种政治姿态，是一种理政作风，他想搞廉政建设。道光当然也有这种意思，但更多的是把节俭当成一种人生乐趣。

道光是乾隆的孙子，乾隆的排场他是见识过的，而到了他自己手中，做法跟乾隆完全相反。他是能省就省，堂堂皇帝花钱居然跟贫苦人家过日子一样，该省的省，不该省的也省。

据说道光之所以如此节俭，还有一些原因。他在做皇子的时候，有一年跟嘉庆去盛京祭祖，晚上住在沈阳故宫里。沈阳故宫非常简陋，跟北京的故宫相差太远。嘉庆心想，这可是一个教育的好机会啊，便把绵宁叫来，对他展开了忆苦思甜教育。

嘉庆说："孩子啊，你看到没有，当年祖先们就住在这个地方。"然后指着从前皇帝的简陋遗物，开始将大清廾国的历史讲给儿子听。嘉庆一再强调，祖先创业暴霜露、斩荆棘，才有尺寸之地啊！能有今天的成就，那是付出了多少代人的努力啊！孩子啊，你一定要向你的祖先学习，学习他们艰苦奋斗、勤俭律己的精神。

绵宁不像其他皇子，左耳进右耳出，他全记在心里了。

回到京城后，嘉庆的那番话还在绵宁耳边回响，节俭两个字在他的心里仿佛变得无比神圣。

在这种类似于信仰般激情的驱使下，绵宁把心里的感受告诉了妻子，妻子非常赞同。两人一商议，决定把寝宫里所有奢侈的物品都搬出去，换成最简陋的，除了床和桌子。不仅如此，他和老婆还决定以后每天晚上都吃烧饼。需要说明的是，宫中是没有烧饼的，必须打发太监去紫禁城外去买，来回路程很远，等烧饼送过来时已经没那么热了，但是这对夫妻没有任何怨言，就着热茶啃完烧饼。之后，立即上床睡觉，据说这样可以节省油灯钱。

这样的一个人当上皇帝后，会出现什么样的情形是可以想象的，他一定是希望大家跟他一起节俭，谁最节俭谁就是自己最好的臣子。如此治国，只能是本末倒置。

道光当上皇帝后，不久就下达了倡导节俭的《御制声色货利谕》，提出了三个最基本的节俭方针：

一、重义轻利，不要贪财。全国人民一起省，皇帝省，大臣省，百姓省。道光还说："百姓不富，我这个皇帝怎么能富呢？"皇帝不富，大臣怎么敢富呢？所以，大家一起来节省。

二、各省停止进贡。在嘉庆时期皇帝就下令停止进贡之风，后来臣下改变政策，认为进贡珠宝是奢侈，那么进贡一些土特产总是合情合理的吧。现在道光说，连土特产也不必进贡了，他甚至抱怨说，这些土特产本来就不值几个钱，但被大臣们夸得天花乱坠。不管怎么说，都是老百姓的东西，不收礼就能为老百姓节省点儿。而且，这些土特产从地方运到北京还要耗费大量的人力物力。

三、以后不增建宫殿楼阁。道光说，皇宫已经相当豪华了，不需要再增加一块砖、一片瓦，以后谁要是提出大兴土木，谁就是大清的罪人，应该重罚。

尽管道光明确表示过节不收礼，但是各地的官员却拿不准皇上的真实意思。

官员们集体陷入困惑之中，到底应不应该送礼呢？从利益来讲，送礼对官员是有好处的，既可以讨好皇帝，又能乘机搜刮。如果不送，表面上可能是遵从圣旨，但说不定道光心里不舒服呢？综合考虑之下，大家一致决定，无视《御制声色货利谕》，坚持送礼。不过说法得改变一下，不能说进贡，得说孝敬，官员们自信把皇帝的心理揣摩得恰到好处。

当全国各地的礼物送进京城后，轮到道光困惑为难了，我不是让他们不要送礼了吗？怎么都不听话，这是公然抗旨啊，理应惩罚。但是中国从来都有不打送礼人的传统，别人给我送礼，我反而惩罚别人，世人会不会说我这个皇帝不懂礼仪啊？再说了，全国官员都在送礼，难道全部都要惩罚吗？

道光想来想去，觉得既不能惩罚他们，也不能收礼。收礼的话会显得自己说话出尔反尔，言不由衷，到时候威信何在呢？所以，最好的办法就是把这些礼物全部退回去。这个办法应该说是不错的，这么一退回去，下次官员们肯定会收敛。可惜，道光的老毛病又犯了。送回去固然可以，但是运费都翻倍啊，道光心疼这钱啊，这本来是可以省下的，无端多花一笔钱道光心里很不舒服。

外省官员和内务府官员纷纷做道光的思想工作，皇上啊，您就收下吧，这是官员们体贴您辛苦理政孝敬您的，他们不忍心看皇上这么辛苦啊，所以才大老远送过来给皇上。皇上您若是不收下，这不是伤大家的心吗？再说了，这些东西，您不收，我们也得去市场上买啊！

道光撑不住了，只好收下，但换了个说法：赏收。就是说，我不是白白收取他们的东西，我会赏他们一些东西作为补偿。换句话说，把进贡变成了交换，道光有没有赏百官我们不得而知，但换一个说法至少有个台阶下。

内务府：省着花

内务府是负责皇家事务的一个机构，内务府大臣相当于皇家的大总管，这个大总管管的是皇家的家务事，比三公九卿还牛，皇帝的吃喝拉撒全归他们负责。

其他部门的官员只敢欺负百姓，内务府的官员敢“欺负”皇上。为啥？因为除了皇帝，没有一个部门有权监督他们，因为这种特殊地位，他们连皇上的吃喝都敢从中克扣。皇帝虽然有权监督内务府，但其实拿这帮人没办法。

皇上只有一个人，内务府是一帮人，皇上管不了。如果内务府停止运转，宫廷岂不要瘫痪？哪个皇帝愿意随便惹这帮人。再说了，你一个皇帝，如果因为鸡蛋和猪肉的价格跟这些下人争论，也拉不下这个脸。而且，真这么做了，下人们肯定从心里瞧不起皇上，说皇上小气，这对皇上的声誉也不好。况且，就算皇帝想跟内务府的人较真儿，也会惹来很多麻烦事。

所以，皇帝不会随便得罪内务府的人，就算明知道他们吃回扣，也一般是睁一只眼闭一只眼。万一跟他们较真儿，他们往皇帝的食物中来点儿什么，让皇帝的健康慢慢受损又不明显，皇帝就有苦也说不出了。

内务府买东西往往比一般人贵，理由很简单，皇家购置的东西当然要好些，这个理由如此冠冕堂皇，道光也哑口无言。不过，道光觉得让内务府这么搞下去，自己节俭的政策也会受影响。再加上这次收取贡品内务府也出面请自己收下，道光决定借着这个机会也让内务府瘦瘦身。

道光虽然收下了各省的礼品，但是修改了规定，减少贡品数量和种类，但凡奢侈品一律禁止进贡。道光还强调以后就按这个规定办事，各省不得自作主张。比如，道光规定辽阳每年进贡两百个香水梨，地方官问，皇家有那么多人，两百个够吃吗？道光说，这个不是用来吃的，上供用，两百个足够了。

道光和妃子们亲自过问柴米油盐，然后精打细算，发现每年二十万两银子就足够内务府开支了。道光算的标准是够吃就行，这么一来，内务府立刻紧缩。本来内务府每年至少要四十万两银子才能应付开来，现在缩减一半，大家都得勒紧腰带。

第一个勒紧腰带的是道光自己。道光以身作则，每餐不超过四个菜，衣服破了，让妃子们打上补丁，用的毛笔和砚台都是平常人家买得起的。道光甚至还规定除了皇太后、皇帝和皇后，大家在节日期间不得吃肉。

幸好皇后很贤惠，支持道光的节俭政策。在她的操持下，也把这艰难日子过得有声有色。

所以，道光很重视皇后，以前道光规定自己的生日和皇后的生日是不举行庆典的。现在却破格为皇后的生日举行庆典，皇后生日这天，文武百官送礼祝寿。就在大家坐在宴席上想象会有什么美酒佳肴时，御膳房的人终于露面了，原来是一人一碗打卤面。事后，大臣们心里反而对道光很感激，因为他们听说为了举办这次宴会，道光破天荒让御膳房宰了两头猪。皇后更高兴，她发现皇上是如此爱自己，平常一分钱都要节省的道光居然为了给自己祝寿宰了两头肥猪。

节俭成了作秀

“成由勤俭破由奢”是唐朝诗人李商隐说的话，道光将之奉为治国圭臬。他经常告诫子孙们，祖先们创业是何等艰难，不要以为今天的富贵是理所当然的，锄禾日当午，汗滴禾下土，谁知盘中餐，粒粒皆辛苦啊！孩子们，我们所用的一丝一线、我们所吃的一粒米一根面条都是老百姓的血汗换来的。

一个封建帝王能够如此苦口婆心地教导子孙珍惜百姓的劳动成果，这是难能可贵的。从某种意义上来说，道光奉行的是儒家的圣王之道，他的节俭跟一般守财奴不一样，只能说多少有一些偏执。

在古代，皇帝子女婚嫁是个大事情，排场相当大。但是到了道光这里，不可能再继续讲排场了。他明确规定儿子娶媳妇，一切从简，女方也不能置备豪华的嫁妆。一旦有奢靡之物，立即拿走，还要酌情处分。

道光规定，公主出嫁花费不能超过两千两银子，驸马送给皇家的聘礼也不能太多。道光甚至免掉驸马给皇家的“九九礼”，这样既可以显得节俭，也免得举办宴席招待驸马家人。道光毕竟是一个精打细算的高手，后来他发现如果免掉“九九礼”，这不等于是把女儿白送人家吗？亏本的生意可不能做，于是又恢复了“九九礼”。不过道光可不想破费招待他们，所以让他们象征性地送九只羊，只要把羊赶到内务府就行了。内务府的人跟驸马家的人客套几句，就让他们走人，连打卤面也休想吃到。

在节俭方面，道光做到了极致，也终于收到他想要的“效果”。满朝文武上朝之时几乎都穿着打补丁的衣服，感觉就像是在开丐帮大会。没办法，在道光手下做事，寒碜是必需的。如果道光发现某个官员衣着华丽，立刻会表现出不满的情绪。

有一个将军请了一个戏班子进家里，宴饮作乐。道光听说这事，立即将这将军革职。

道光有一次检阅禁卫军，发现所有官兵衣着都很朴素，大为高兴，赞扬说：“现在八旗子弟一洗过去恶习，都变得务实严谨了，朕很高兴看到大家这样，将几位主管官员各提拔一级吧！”

把道光的节俭政治推向高潮的是曹振镛。曹振镛的性格跟道光非常像，也是个一分钱掰成两半花的人。曹振镛家里有一个破驴车，他的厨子除了炒菜还负责替他赶车，他每天都会亲自去菜市场跟小贩讨价还价。曹振镛深知很多小贩缺斤少两，所以自带了一杆秤，这样的人能帮助皇帝治理好国家吗？皇帝也是一样，节俭只能修身，而不能将其变成一种琐碎的嗜好。

道光经常召曹振镛进宫长谈，不了解的人还以为他们在商讨国家大事，只有道光身边的太监才知道，他们每天讨论最多的还是家常琐事。

有一天，曹振镛进宫，道光发现他膝盖上有两个补丁，便问他打这两个补丁花了多少钱。曹振镛回答说，花了五钱银子。道光一听，跺脚说：“怎么我打一个补丁就花了五两银子呢？”曹振镛说：“皇上衣服的补丁自然做工考究，肯定要比臣的贵啊！”道光暗叫可惜，打个补丁花了五两银子，从此命令后妃们学习女红，硬生生把这笔开支节省下来。

上有所好，下必甚焉。大臣们为了官禄亨通，无不对道光极尽逢迎之能事。其中，最刁滑的莫过于穆彰阿，如果说曹振镛还只是平庸琐碎的话，那穆彰阿就是奸诈狡猾了。在道光面前，他衣服上的补丁最多，但是背后却贪污受贿挥霍无度。

一天，皇太后钮祜禄氏过生日，道光自己是不搞庆典的，但太后毕竟是太后，不办就对不住皇考了。办要办，但道光舍不得破费，下了一道旨："当皇帝的，只需国泰民安，就是尽了孝道。皇太后以节俭成为大家的模范，如果大典过于铺张的话，反而让她老人家不高兴了。所以，万寿期间，不可过于奢靡，以免违背祖训，让皇太后不高兴。"

圣旨一下，大家都知道，皇上不想花钱。穆彰阿灵机一动，对道光说，皇太后大寿的所有费用不需动用内帑，都由臣子们孝敬吧！道光一听，面露喜色，让穆彰阿好好办理此事。穆彰阿借着这个机会，对各级官员进行敲诈勒索，虽然给道光贡献了不少银子，最大的受惠者还是他本人。光这一次，穆彰阿就捞了上千万两银子。

就在道光满怀成就感地看着满朝文武全身补丁之时，他万万没有想到，北京城的旧衣服店里，破旧衣服的价格在不断上涨，是新衣服的好几倍。破衣服成了抢手货，有些穷官买不起这么贵的破衣服，只好自己想办法把衣服弄破弄脏弄旧。但是，道光把这一切都看成自己的政绩，认为勤俭节约的观念已经深入人心，所谓“成由勤俭破由奢”，既然节俭观念已深入人心，那么大清江山就会万年不倒了。

“节俭”误国

尽管道光在节省上绞尽脑汁，大清国的财政问题却越来越多。其实，国库收入并没有减少，但是开支却越来越大了。

一方面，皇室人口膨胀，顺治时才两千人，道光时已有三万多人，这些人本身不会创造价值，而且还要吃喝拉撒。这么庞大的一个群体让道光的压力非常大。

另一方面，道光年间物价上涨，因为人口越来越多了，耕地面积不变，人越多人均粮食就越少，价格自然会上涨。这么一来，行政运营成本就增加了。那人们会问，物价上涨，道光怎么不增加赋税呢？说来还是康熙的锅，康熙不懂经济，曾经下了一道“永不加赋”的圣旨。这道圣旨害苦了他的子孙们，他们就是有再大的胆子也不敢违抗康熙的圣旨。

再说了，就是额定税收也不可能全部收到，每年都有亏欠的省份。不仅如此，贪官还将手伸向国库，落入国库的钱自然越来越少。

从乾隆后期开始，各地动乱不断，这些动乱从政治上来说是破坏社会稳定，从经济上来看是增加清廷经济负担。平定一场叛乱，需要花费大量的银子，光是平定白莲教叛乱就花费了两亿两银子。一次叛乱就耗尽清廷家底，你说嘉庆敢不节省吗？道光就算天性不吝啬，也不能不节省。

白莲教叛乱之后，叛乱与起义仍接连不断。道光节省倒是对的，你得随时准备好一笔钱，说不定什么时候就要用兵。而且节省也要看情况，该省的可以省，不该省的就不能省。解决财政问题的最好办法不是节衣缩食，而是开源兴利。

道光刚即位的时候，国库只有两千万两银子，这是自三藩叛乱以来清廷财政最困窘的一次。而且这个数字还是账面上的，真实有多少，恐怕道光自己也不知道。当时，治理黄河就要花费上千万两白银，国库中就这么点儿钱，这无疑加重了道光的忧患意识。

道光呕心沥血地推行节俭，然而对帝国的影响微乎其微，官员们只是当着他的面摆出节俭的样子而已，私下里仍是挥金如土。道光的节俭甚至不能影响到自己的继任者，咸丰和慈禧都是挥霍奢侈的主儿，尤其是慈禧，可以挪用海军军费修颐和园。

林则徐禁烟的时候，曾经逼迫英国商人义律交出鸦片，并答应每箱鸦片按五斤茶叶补偿。当时缴获的鸦片价值八百万两银子，数字报上去后，道光很心疼，不签字。林则徐只好承诺，这些钱由臣子们凑齐，道光这才高兴地签了字。

道光的努力并没有扭转财政状况，反而使其每况愈下。以至于有大臣发出质问：“为什么乾隆挥金如土，国库却如此充盈；道光锱铢必较，国库却越来越空虚？”后世蔡东藩则评论道光节俭是舍本逐末，以道光的能力治家还可以，治国就远远不够——这个评价是深中肯綮的。

第十一章　平定张格尔

捷报传来，道光露出久违的笑脸。不久，长龄押解张格尔进京城，道光破格犒赏长龄，置办了两桌酒席。虽然大家都没喝酒也没吃菜，至少说明道光很重视这次凯旋，给了长龄等人足够的面子，因为道光没有请人吃饭的习惯。

点起狼烟的张格尔

这次闹腾的是一个叫张格尔的人，此人是大和卓波罗尼都之孙，他以礼拜其祖先麻札（坟墓）为名，利用南疆民众的反清情绪，集众叛乱。这本来是一次可以避免的战争，但是因为清朝官员的愚蠢使得事态扩大，最终酿成了一次恶性的叛乱事件。

道光刚登基的第三天凌晨，就在睡梦中被太监叫醒：“不好了，皇上，八百里加急的急报。”道光一听，连忙从床上爬起，拿起奏折一看，才知道原来张格尔在新疆发动了叛乱。

随后，道光紧急召见军机大臣进宫商量对策，大家都说奏折太简单，现在还无法作出判断，还是等待进一步的消息吧！没办法，大家只好慢慢等待消息。

此时，道光刚登基，先皇的丧事还没办完，军机处改组计划尚在酝酿，许多改革措施正在心里发酵。道光也觉得，应该暂时把张格尔叛乱搁置一边，等情报和奏折足够了再作定夺。

几天后，道光接到奏报，叛乱的头目张格尔是乾隆时期的叛乱头领大和卓的孙子，属于有来头的人。张格尔叛乱的人数不多，只有几百人，但是胆子却非常大，他们烧毁清军哨所，杀死十几名清军。

收到这个奏折，道光长吁一口气，原来并不是叛乱，只不过是不法分子“闹事”而已。才几百人而已嘛，道光命令清军把这些人全部拿下。刚开始的时候，清军表现不错，轻松将张格尔击败。由于清军急于过中秋节防守疏忽，张格尔乘机带着亲信们逃脱。

张格尔的失败早在道光的预料之中，道光本着穷寇莫追的思想让清军不要追拿张格尔，以免他狗急跳墙。道光原是想息事宁人，没想到埋下了巨大的隐患。他万万没想到张格尔居然能东山再起，还发起民众进行了一场轰轰烈烈的叛乱。

道光朝，大清江山本已江河日下，国家财政枯竭、吏治腐败、内忧外患严重，张格尔叛乱如果发生在康乾盛世不是什么大事情，但是对于百孔千疮的道光朝来说，无异于雪上加霜。再说了，道光天性吝啬，叛乱本身也许对他来说还不至于太痛心，但让他掏钱等于要他的命。

从一开始，道光就不愿在各地设置太多的兵力，因为这意味着高昂的军费。当地的防守相当薄弱，兵力不多，而且当兵的还得自己种田养活自己，能够投入作战的士兵屈指可数。

在这样一个重要的地方，理应派一批干练清正的官员坐镇指挥，可惜真实情况恰恰相反。

这些官员到了新疆后，仗着天高皇帝远，就开始为非作歹，横行霸道。本来在朝中他们就很失落，好不容易来到一个没人管的地方，过去的不满和郁闷肯定得发泄发泄。

老将出征平叛

从后来当地官员们不断隐瞒军情可以看出，对这批官员的任命是极大的失误，客观地说，如果不是清廷的官员胡作非为，张格尔根本就没有兴风作浪的机会。最后道光也不得不承认：“这十多年来，派往新疆的参赞、办事大臣贪虐残暴，致使民众怨恨日深，从而激起反抗。”

到了道光五年（1825 年），官民关系越来越紧张，双方剑拔弩张，大有一触即发之势。论理，地方的办事官员应该感到烦躁不安才是，但他们却一副无动于衷的样子，坐视形势不断恶化。

清廷一个官员带着两百骑兵追剿张格尔的时候，没找到张格尔，反而杀掉许多老弱妇孺，以此冒功。张格尔乘机和该部首领结盟，把这两百清军围在一个峡谷里，全部歼灭。

道光六年（1826 年）六月，张格尔对清军正式出手了，他以祭奠祖先的名义，率领五百人发动进攻。清军前来围剿，反而被击溃。这个消息一传开，在周边引起了剧烈的反响，许多对政府不满的人蠢蠢欲动。两个月不到，张格尔的叛乱势力已经达到几万人。

不久，张格尔带着大部队围攻喀什噶尔。清军困守孤城七十多天，最后城破人亡，参赞大臣庆祥知道接下来面对的将是张格尔的疯狂报复，干脆自己解决了自己。果然，张格尔的叛军进城后，对清军进行了疯狂的报复，不少清军被虐待致死。

喀什噶尔陷落之后，叛军的气焰更加高涨，又攻下了叶尔羌、英吉沙尔等城。至此，张格尔已经控制了新疆，他志得意满，公然建国称王。

直到此时，道光才意识到问题远比想象的要严重，遂召集各个重要部门一起研讨军情，并让各级官员好好检讨一下过去六年的错误。这种检讨更多的是一种台面功夫，大家都清楚，在新疆将会发生一场大战，必须在全国调兵，合力围歼张格尔的叛军。

为此，需要一个统帅，国家衰落的当头，能干的人似乎也越来越少。经过精挑细选，道光选择了杨遇春。杨遇春是一个沙场老将，在乾隆时期，就是福康安手下一个得力干将。嘉庆年间，杨遇春在平定白莲教叛乱中立下大功，深得赏识和信赖。

杨遇春当时是陕甘总督，道光任命他为钦差大臣，统领陕甘兵马前去新疆平叛。碰到军国大事，皇帝不可能完全相信一个人，因此，他还任命伊犁将军兼大学士长龄为扬威将军，同赴新疆平乱。长龄是主帅，杨遇春是主将，满汉结合，相得益彰。

到新疆平叛，最麻烦的一件事情是补给线太长。为此，必须在中途设置许多中转站，户部尚书经过核算，发现一年的军费至少要一千万两银子。当时全国一年的财政收入也不过四千万两，听到这个数字，道光吓了一跳。道光对大臣们表示，政府只拿得出四百万两银子，大家一起想想办法吧！

大臣们提议从各省征集一些，不过也只能拿到两三百万两银子，还差钱啊！没办法，道光只好忍痛割爱，表示愿意动用两百万两内帑。内务府大臣听到要贡献两百万两银子，很不情愿，对道光说，皇上，你这么一弄，我们以后就得喝西北风了。

道光吝啬归吝啬，但是他知道，如果大清国没有了，就是留再多的钱也没用。所以，还是狠下心来拿出了这笔钱。

道光为什么突然之间这么大方了呢？也是被逼的，现在不是大方不大方的问题，而是社稷和名誉的问题。自从顺治入主中原，清朝还没有哪个皇帝沦丧国土，道光当然不想做这个千古罪人，两害相权取其轻。

道光对这次出征非常重视，亲自过问细节问题，要求主帅严明军纪，赏罚分明。当然，主要的事情吩咐完了，道光也不忘回到节省层面，要官兵们尽量就地取粮，能节省就节省。“国家有国家的难处，希望大家都能体谅。”道光还告诫官兵们，尽量少买粮食，粮食价格过高就不要买，总之，在最合适的时候买。

此去天山万里路

这年冬天，几万名将士出发了，西北的冬天寒冷刺骨，有时要穿越寒冷刺骨的戈壁滩和沙漠。冰天雪地之中，将士们拿着武器，背着沉重的干粮，一步步地走向目的地。这种艰苦是现在的人无法想象的，只有那些酷爱户外运动的“驴友”多少能感受一些，当时这些士兵的条件更差。

他们的干粮是一整袋红薯，选择红薯是有特殊考虑的，对于一支远征军来说，最痛苦的事情莫过于粮食问题。如果带的粮食很多，那是找罪受，一路上会累死。对清军来说，他们不仅要补充能量，还得补充水，这无疑会加重行军的负担。红薯含有充足的水分，既解决了粮食问题，又解决了水的问题，所以我们不能不说道光让他们带红薯完全是出于经济上的考虑。

这下，士兵们可受苦了，饿了吃红薯，渴了还是吃红薯，整整一个月来全是红薯。到了目的地后，大家看到红薯就反胃。

道光七年（1827年）二月，各路士兵已经纠集完毕，与张格尔的大战就要开始了。二月二十三日，清军围攻固守高岗之上的叛军。清军炮火非常猛烈，在几十门大炮的轰击下，叛军逐渐抵挡不住。眼看形势越来越危急，张格尔宣布撤退。清军乘胜追杀，一路狂追三十里，叛军死伤成群。

这一战，清军大获全胜，杀敌一万多人，俘虏三千多人。真实数字估计要打些折扣，但无论如何，总之是一场大胜。指挥这场战役的长龄第一时间把喜讯送到京城，道光很是喜悦，立即加封其为太子太保。

二十五日，清军继续搜剿叛军，这一带到处是水，叛军背水列阵，准备用骑兵作先锋，冲击清军。但是大炮是骑兵的克星，面对清军一轮轮的炮火轰击，叛军骑兵很快败下阵来。清军于是发动进攻，步兵正面攻击，骑兵两翼包抄，再次击溃叛军。据说这一战杀敌四五万人，这个数字当然也不可信。不过，取胜应该是事实。

二十八日，清军与叛军又一次交火。这一次，清军还是采取老战术，用炮火轰击对方的骑兵。不过，这次张格尔学聪明了，不再让骑兵当炮灰，而是采取迂回进攻。这样一来，大炮的威力大打折扣。清军只得换一种打法，既然大炮不管用，干脆让步兵们穿上貌似虎皮的衣服。奇招一出，敌人的骑兵一近前，看到前面一大群“老虎”，马匹受惊，四散而逃。清兵趁对方溃乱之机进攻，大挫敌军。

这一战，上报的数字说歼敌两万多人，还击杀了几个叛军头目。不过，张格尔还是逃脱了。

二十九日，清军和叛军在浑河两岸对峙。张格尔还有十万的兵力，清军只有两万，虽然兵力悬殊，但清军毕竟训练有素，叛军只不过是一群乌合之众。长龄和杨遇春知道，这一仗是关乎存亡的战役，打赢了意味着大功告成，打败了后果不堪设想。

张格尔也明白，生死存亡在此一役了。

双方都不敢轻举妄动，而是隔着河互相射击，并在夜晚派出小股部队进行骚扰。就在清军召开军事会议，商议如何作战之时，天空忽然刮起了沙尘暴，顿时沙尘遮天蔽日，什么也看不见。长龄心想，完了，这下还怎么打仗啊！讨论任何作战计划都没用了。

是啊，按照正常人的理智，啥也看不见了还怎么打仗。

将领们都认为还是等沙尘暴过去之后再作决定。就在这时，一个人站了出来，此人便是名将杨遇春。名将就是名将，能看出常人无法发现的战机，杨遇春强烈建议现在就应该发起进攻，再也没有比这更好的机会。

长龄吃惊地看着杨遇春，如果现在发动进攻的话，士兵们一定会非常诧异，在什么也看不见的情况下，能够打败敌人吗？如果失败了，谁能承担这个责任？这一步棋太险了，但也确实太有诱惑力了。

看到长龄犹豫不决，杨遇春说，如果不进攻，那就赶快撤退，一旦敌人进攻，麻烦就大了。杨遇春认为，在这样的天气下，谁先发动进攻谁就占据了天时。

长龄佩服杨遇春的胆识，胜败在此一举了，该赌的时候就应该放开胆子来赌。

长龄命令一下，清军在漫大风沙之中火速向对岸进军。情况也正如杨遇春所料，张格尔万万没料到清军会在这个节骨眼儿上搞突然袭击，叛军顿时人心惶惶，来不及进行有力的抵抗就纷纷逃窜。这一战清军击杀叛军六万多人，张格尔的妻子和亲戚等数人被击毙，但张格尔又成功逃脱了。

捉拿张格尔

张格尔虽然逃脱了，但叛乱基本上被平定了。

这一战清军的表现相当出色，那么清军何以表现出这么顽强的战斗力呢？

可以从兵法上找到原因，置之死地而后生一向被奉为兵家圭臬，艰苦和极端的条件能激发人的潜能。清军不远万里来到新疆，那是抱着必死的决心的，就算是战斗到只剩最后一个兵，也必须打赢这场仗。

道光为这次战争掏出了不少老本，所以听到张格尔仍在逃，非常生气，责令长龄尽快将贼首缉拿归案。道光破天荒开出十万两银子悬赏张格尔的脑袋，真给张格尔面子。

在一片广袤的土地上，缉拿一个逃犯如同大海捞针，再说张格尔行踪不定，对新疆又相当熟悉。清军在大草原和戈壁滩上追捕了几个月，也没有发现其踪影。不过，人性是很难改变的，张格尔以叛乱起家，他不可能就这样认输。逃脱追捕之后，他立即召集人马，养精蓄锐，准备发动新一轮的叛乱。

就在清军以为抓不到张格尔之时，张格尔自己倒带着一支人马过来挑衅清军了。长龄正求之不得，立即和张格尔交战，下令务必追着张格尔到天涯海角。但张格尔不愧是个枭雄，纵使造反的本领有待提高，逃跑的本领绝对无话可说。

这一次，他又逃脱了。

长龄着急了，属下有人想出了一个计策，找当地民众充当细作，与张格尔联系，骗张格尔说大家都盼望着他回来，清军大部队已经撤离喀什噶尔。

张格尔还真上当了，因为春节马上到了，清军都想着回去过年。于是，张格尔带领骑兵义无反顾地朝喀什噶尔狂奔，就在张格尔以为时来运转的时候，发现前后左右都是清军。张格尔愣了片刻，很快反应过来：中计了！

张格尔看着漫山遍野的清军，知道此时自己有两个选择——自尽，或成为俘虏，成为俘虏也是死，还要受尽侮辱。张格尔不是不明白这个道理，刀就在手中，只要在脖子上割一下就万事大吉了。但他下不了手，他习惯了对别人下手，对自己下手他还很不适应。

张格尔几次把刀搁在肩膀上，想动手却狠不下心肠，他始终抱有幻想能逃脱，或者道光能饶自己一命。绝望很容易激发人的幻想，但张格尔实在没有时间幻想了。清军已经冲过来，将他按倒在地，捆绑起来。

张格尔想自杀也不可能了，等待他的是什么，他不敢去想，但多少能猜到，千刀万剐，凌迟处死。

捷报传来，道光露出久违的笑脸。不久，长龄押解张格尔进京城，道光破格犒赏长龄，置办了两桌酒席。虽然大家都没喝酒也没吃菜，至少说明道光很重视这次凯旋，给了长龄等人足够的面子，因为道光没有请人吃饭的习惯。

一时之间，整个朝廷喜气洋洋，不亚于过节庆典。文武大臣纷纷恭喜皇帝，请求为道光上尊号，以纪念这次非同凡响的胜利。道光倒也清醒，婉言拒绝了。大臣一听，纷纷赞扬皇帝虚怀若谷，德行厚重。

张格尔是幸运的，道光还算一个仁慈的皇帝，没有对他处以千刀万剐之刑，只是斩首示众。张格尔人头落地之后，道光这个极少注重荣誉的皇帝也感觉自己建立了一个非比寻常的功业，可以对得起列祖列宗的在天之灵了。

第十二章　打击盐枭

盐业是一个暴利行业，由国家垄断经营，私人是不能插手的。但正因为是暴利行业，所以走私相对泛滥。但是官府并不直接贩卖食盐，贩卖的事情还是交给商人去做，官府直接负责食盐的生产，然后标价卖给商人，由商人分销。合法的商人必须花费巨资从官府手里取得“经营许可证”，然后到官府指定的地方去卖。

发现人才

道光在人们眼里是个非常平庸的皇帝，在用人方面远不如他的曾祖父和祖父。尽管平庸，道光还是用了好几个人才，林则徐是一个，徐广缙是一个，还有一个有才能的人，这个人便是陶澍。

道光刚上台的时候求贤若渴，让文武百官推荐贤良。当时四川总督蒋攸铦推荐了陶澍，说川东兵备道陶澍这个人非常贤能，是个不可多得的人才。道光听了，心花怒放，立刻给陶澍升了官。

没过多久，道光又对自己的决定感到后悔。因为陶澍这个人特别麻烦，上的奏折特别多，根据曹振镛的理论，陶澍就是没事找事的那种人。道光嫌批阅奏折麻烦，接受曹振镛的建议，专门挑奏折中的细节错误，许多官员因此不敢上奏折，只有陶澍仍然坚持不懈地上奏折。道光也想挑陶澍奏折中的毛病，可惜就是挑不出来，道光在心里嘀咕了：陶澍是不是只会说好话不做好事的那种？

于是，道光暗中派人去考察陶澍，然而没想到的是考察的人对陶澍交口称赞，说陶澍办事雷厉风行，精力无穷，大小事情到他手中都能有条不紊地完成，这人不仅能力强，操守也不错。道光一听，心里大喜，提拔陶澍为安徽巡抚。

道光四年（1824年），洪泽湖决堤，漕运不通。道光决定用海运来取代，当时朝中大臣多持反对意见，而陶澍却鼎力支持道光。道光于是提拔陶澍为江苏巡抚，让他负责操办海运南漕之事。

陶澍不仅将事情办得妥妥当当，还为道光节省了二十万两银子，让道光心花怒放。陶澍跟其他督抚的表现完全不一样，其他督抚只知道在道光面前哭穷，总是嫌拨款不够。两相比较，道光终于明白了人才的另一层含义：会省钱的就是人才。

善于用人也是一件值得自豪的事情，发现了陶澍这样一个优秀人才，道光感觉自己也是一个明君。道光十年（1830年），陶澍的恩人两江总督蒋攸铦因病卸任时，道光立即提拔陶澍为两江总督，掌管江苏、安徽、江西三省的事务。

在清朝，直隶总督的政治地位最高，但是经济地位最高的是两江总督，因为两江总督掌管的是全国最富庶的地方，给国家上缴的赋税最多。扬州一年就可以上缴盐税六百多万两银子，占全国盐税总额的百分之六十。

就像当年雍正用李卫一样，道光用陶澍时也提出了自己的要求：不要怕得罪人，不要怕苦怕累，破除陋习，治理好河工和盐务。

陶澍这个人性格跟李卫也很像，他胸无城府，敢说敢做，平时好管闲事。该管的他肯定会管，不该管的也管，一点儿也不怕得罪人，而且性格非常直，心里憋不住话，有什么说什么。道光正是看中了他这些特点，才把艰巨的任务交给他。

应该说，在用人方面，道光的亮点极少，而陶澍是其中之一。

惩治盐枭

盐业是一个暴利行业，由国家垄断经营，私人是不能插手的。但正因为是暴利行业，所以走私相对泛滥。官府并不直接贩卖食盐，贩卖的事情还是交给商人去做，官府直接负责食盐的生产，然后标价卖给商人，由商人分销。合法的商人必须花费巨资从官府手里取得“经营许可证”，然后到官府指定的地方去卖。

有合法的商人，难免也有非法的商人。在盐业方面，往往是合法的商人对百姓的伤害最大，因为他们背后有官府的支持，可以肆意抬高盐价，而且生产的食盐质量也一般。倒是走私的食盐物美价廉，深得广大民众的喜欢。没办法，这是由经济规律决定的。

两淮盐运司衙门就设在扬州，所以扬州的大盐商最多。这些盐商个个富得流油，当时扬州最大的盐商是黄均太，据说他吃一碗蛋炒饭就要花费五十两银子。一碗蛋炒饭怎么会这么贵呢？这蛋炒饭要保证每粒米是分开的，上面都要沾上蛋花。这鸡蛋是怎么做的呢？这鸡蛋可不是一般的鸡蛋，鸡每天吃的是鲜活的鱼虾和中药材，下出的蛋鲜美无比，营养价值非常高。在炒饭之前，先用蛋汁将米饭浸透，炒出来的蛋炒饭每一粒米都是金黄的，由蛋汁包上。然后再配上“百鱼汤”（用各种鱼制成的汤）喝，极其奢侈。

这些盐商不仅奢侈，而且喜欢沽名钓誉。

陶澍来到这里后，一个重要的任务就是整顿官场和商场，尤其盐业，更是最关键的一个内容。

由于合法盐商胡作非为，导致买官盐的人越来越少，买私盐的人越来越多。这么一来，受损的还是国家，盐税相应就减少了。

当地有一个俗语：私盐越禁越好卖。为啥这样呢？政府越禁，官盐价格就越高，私盐相对价格就更低，所以更好卖。

这里我们得介绍一下为什么官盐价格非常高。仅仅是因为国家垄断吗？从本质上来说还是垄断，但是垄断并不必然导致价格过高，政府是有能力控制价格的。

官盐的价格之所以如此之高，不光是因为缴税。缴税只是其中的一部分，它还需要承受官吏集团的层层盘剥，拿下一个项目往往有十几道手续，每盖一个章都必须出一次血。这些钱全算在食盐的价格里了。

盐商固然有钱，但正因为有钱才树大招风。河工出什么问题了，让盐商捐钱；给皇上办贡品，让盐商出钱；哪里有灾害了，让盐商出钱；政府搞什么活动了，还要让盐商出钱。盐商靠政府吃饭，敢说“不”字吗？盐商又不是银行，这些钱归根结底还是老百姓埋单，钱都存在于食盐的价格中。

私盐不用打点官府，不用盖章，不用办手续，所以利润更高。私盐之所以屡禁不止，而且愈演愈烈，就在于有官僚背景。道光年间，私盐的销量已经大大超过官盐。陶澍任两江总督后，两淮的官盐每年只能销售额定的三分之一，欠下了几千万两银子的盐税。这是摆在陶澍面前最大的一个问题，他要清除盐业弊端，必须进行改革。

两淮有淮北和淮南两大盐场，淮南的盐场规模最大，还能勉强应付得来；淮北盐场情况相对窘迫许多，欠下了太多的盐税，许多食盐卖不出去。如何改革呢？陶澍当然不能超越他的时代，不可能取消食盐垄断，只能从打击盐枭入手。

当时两淮最大的盐枭是黄玉林，这人是福建人，长得非常斯文，说话彬彬有礼，但他是一个典型的披着羊皮的狼。黄玉林为私盐贩子，并不是什么秘密，这是大家都知道的事情。

黄玉林表面是个商人，其实更像一个以经商为目的的黑社会头目。他手下有一支装备先进的武装力量，船只的装备不亚于军舰，船上装有大炮，船员们都有火枪。因为有强大的经济作为后盾，他们的武器装备甚至比官兵的还好。

有时候，盐枭的真正敌人还不是官兵，一方面是因为不少官员已经被他们收买，另一方面是因为他们武器先进，官兵们也不敢随便得罪他们。在官兵们睁一只眼闭一只眼的情况下，盐枭们最大的敌人就是竞争对手了，也就是其他的一些盐枭。根据地域的不同，盐枭又分为不同的派别，譬如山东的侉子帮、安徽的捻子帮等，这些人都靠盐吃饭，仇人相见分外眼红。

不同帮派的盐枭经常大打出手，互相厮杀，严重地破坏了社会治安。

道光曾多次下令缉拿黄玉林，但黄玉林在官场有内线，所以官兵屡屡扑空。时间长了，黄玉林也越来越自大，越来越看不起官府。他甚至亲自登门造访衙门，让人递上自己的名片，衙门的人听说他来了，不但不欢天喜地感叹“踏破铁鞋无觅处，得来全不费工夫”，反而吓得满头冒汗。

官员们只好接见黄玉林，用酒席招待他，吃饱喝足之后，黄玉林再大摇大摆地走出去。

道光听说这事，非常生气，下令要把黄玉林处死。两江官员一听，急了，纷纷上书说黄玉林这个人不能处死，处死他会有很多弊端，并一一列出来，然后再列出留下黄玉林的种种好处。官员们普遍建议利用黄玉林打击盐枭，所谓以毒攻毒。

陶澍是一个异类，他坚决主张将黄玉林斩立决。两江的官员听到这个消息，个个惊恐不安。他们为啥惊恐？因为他们与黄玉林结成了利益共同体，不但拿了黄玉林的钱，而且已经是同一条线上的蚂蚱了。黄玉林如果供出他们的话，那就惨了。

陶澍是一个狠角色，他并不想把官场中的人得罪个遍，但是黄玉林必须得死，他不死的话就无法整顿盐业，无法起到警戒其他盐枭和不法官员的作用。

陶澍亲自监斩，在众目睽睽之下将黄玉林这个不可一世的盐枭斩首。

改革岂能手软

杀黄玉林是陶澍发出的一个信号，表明自己对犯罪行为绝不姑息。陶澍很清楚两淮盐业背后存在官商勾结的情况，但是他不会想到情况比他想象的还要严重得多。

很多官员和盐枭是酒场上的朋友，有的还是儿女亲家，最可怕的是有的官员直接就是盐枭的股东之一。官商勾结已经到了明目张胆的地步，如果没有杀伐决断的气魄是解决不了问题的。

认真分析问题后，陶澍觉得光是撤职，杀掉一两个官员是没有效果的。所以，他提出一个大胆的建议：撤掉两淮的盐政，不要这个衙门了。撤掉以后，盐业由哪个部门管呢？陶澍说不用交给哪个部门，暂时由我代管。在当时的官场上，还有这样有气魄有胆识的人，真是少见。如果碰上了一个猜忌的皇帝，肯定会说这个人如此强出头，一定是想大权独揽，为自己牟利，甚至有不轨的企图。

撤掉一个衙门，等于是砸掉一大批官员的饭碗，改革僵化的体制，必然引起一些守旧派的不满。幸运的是，道光虽然平庸，但也迫切希望把国家治理好，有了一个敢于担当的大臣，他非常珍惜。不仅没有怀疑，而且很高兴地答应了陶澍的一切要求。

改革盐业是一项重任，陶澍先从自己做起，率先废除陋规。当上两江总督后，他的养廉银每年增加了五千两，但他坚决不要，还不让其他官员拿。陶澍废除各种陋规，目的是压低官盐的价格，从而让老百姓买得起官盐。这是一个大的方针，通过这种价格竞争的方式，让官盐重新在市场中打开一片蓝天。

陶澍是明智的，他没有把暴力消灭盐枭当成最主要的手段，而是意识到必须先纠正不良的政策，当官盐的价格压到跟私盐差不多甚至更低时，不用动手，盐枭自然就混不下去了。

在盐业改革过程中，陶澍最担心的莫过于曹振镛。曹振镛祖上就是靠卖盐起家，现在仍有不少亲属是盐商。考虑到很多人会向曹振镛告状，如果曹振镛反对的话，自己的改革只怕无法继续，因此他决定自己先跟曹振镛摊牌。为此，他给曹振镛写了一封长信，把问题前前后后说得一清二楚，让曹振镛明白如果不改革盐业的话，受损最大的还是国家。

曹振镛当时已经快八十岁了，别看他做官一辈子无风无雨，其实一辈子谨小慎微。陶澍改革伤害了自己家人的利益，他肯定是不高兴的，但是他也不敢动这个牛脾气的陶澍，一方面是因为道光对其委以重任，另一方面这个人不好得罪，天不怕地不怕，惹恼了他，只怕自己会晚节不保。

当时道光经常写诗，可能是心里烦闷，写出了一两首自我感觉良好的诗，心情就会高兴许多，还寄给曹振镛，让他点评点评。曹振镛哪有胆子批评啊！七老八十的人了，每天晚上都要查阅资料，写读后感。写完之后，还要认真检查好几遍，确认没有任何差错才敢寄给道光。

在对待陶澍的信上面，曹振镛也相当谨慎，他回了一封特别有礼貌的信，意思是：现在两淮的盐业弊病确实很严重啊，改革是应该的，也是必需的，你想好了就放手去做吧，如果遇到什么困难，老夫会为你做主的。

收到曹振镛的信，陶澍放心了。没有心理障碍了，改革就容易得多。

道光十二年（1832年）春，陶澍带着自己的班子来到海州（今连云港），专门开会讨论盐业改革问题。明清以来，盐商贩盐都要经过国家的准许和认可，然后在指定的地点买盐，再到指定的地点去卖，完全是一种垄断式经营。陶澍等人觉得这样不好，决定推行票盐制度，从今以后，不需要特殊的关系、资格和手续，只要给国家缴税，就可以经营。

陶澍向道光提出推行票盐法，道光予以肯定。

票盐法一经推行，就受到了公众的欢迎，盐业一时之间繁盛起来。此后，生产的食盐既廉价，质量又好，大家都改领票盐，老百姓不再热衷于买私盐。

以前的私盐贩子也没必要走私了，反正只要花钱从官府那里领票就可以买盐，不用再遮遮掩掩地走私。现在大家都成了合法商人，合法缴税，盐路通畅，盐业再次得到振兴。

票盐法沉重地打击了以前靠垄断吃饭的盐商，许多大盐商因此而破产。这些盐商自然对陶澍恨之入骨，但是他们拿这个两江总督没办法，何况上面还有皇帝支持。没办法，只能通过其他的方式表达对陶澍的憎恨，他们发明了一种纸牌游戏，增加了一个叫“桃树”的牌，牌上面画着一个人拿着大斧头拼命砍伐一棵桃树。拿到这张牌的人最晦气，一般会输的，所以往往破口大骂“桃树”这张牌。

这种牌在两淮流传得还挺广的，不久，就传到道光的耳朵里。道光很生气，表示要追究发明这种纸牌的人的责任，并安慰陶澍，让他不要放在心上。这些盐商不肯善罢甘休，说陶澍的改革让以前一些非法的盐枭获得了好处，道光懒得理。接着，这些盐商要出新花样，说陶澍把自己写给皇帝的奏折私自出版等，道光一一压下这些，让陶澍全心改革，终于促成票盐改革大获全胜。

两淮盐政以前亏损七百多万两银子，经过陶澍的整顿，不仅扭转亏损，而且超额完成任务。从道光十一年到十七年（1831—1837年），两淮缴纳的盐税高达两千六百四十万两银子，存银三百多万两。陶澍的这个改革相当于食盐承包政策，调动了商人的积极性，让他们平等竞争。最终，政府和百姓双方都受益，达到了双赢的局面，唯一不满的是那些曾经搞垄断的官员和商人。

陶澍本想把票盐法推广到全国，但还没有来得及在淮南推广，他就因为操劳过度而病逝。听闻陶澍的死讯，道光悲痛万分，赞扬他“实心做事，不避嫌怨”，追封太子太保头衔，谥号文毅。陶澍在病危之时心里还挂念着国家，向道光推荐林则徐担任两江总督。

虽然林则徐并没能力挽狂澜，但是我们还是佩服陶澍的眼光，他知道林则徐是个办实事的人。

第十三章　惨不忍睹的鸦片战争

在《南京条约》中，中英双方对鸦片都只字未提。英国作为当时一个强大的国家，在正式的条约中不方便将鸦片写进去，英国当局很清楚，这么做的话必然会留下污点，而且会遗留下很多麻烦，见不得人的东西还是把它留在阴暗处。

外来的不速之客

西方的资本主义正处于上升阶段，他们到中国来并非是用一种彬彬有礼、公平竞争的姿态，更多的是咄咄逼人的殖民姿态。对于中国市场，他们有极强的占领欲望。加上他们有坚船利炮，无疑会对中国形成一种很强的压力。

当然，清政府的姿态也是强硬的，从康熙以来一直如此。到了道光年间，清帝国虽然衰朽，但是对于西方的蔑视还是存在的。

英国可不管中国的情绪，他们始终为打不开中国市场耿耿于怀。道光十四年（1834 年），英国政府对东印度公司在对外贸易上的无能非常不满，解除了东印度公司对华贸易的特权，决定增设一个驻华商务监督部门。

当时，英国急于扭转对华的贸易逆差，决定不顾中国的禁烟令，将鸦片再次大规模地输入中国市场。通过鸦片走私，英国在很短时间内就扭转了贸易逆差，在英国出口到中国的商品中，鸦片贸易总额占到了百分之五十以上。这对于英国来说是好事，但给中国带来了巨大的伤害，首先是人民健康受损，其次是白银大量外流。

白银外流的结果是银贵钱贱，清政府国库更加空虚，财政更加困难。银贵钱贱会导致民生更加凋敝，因为老百姓通常是用铜钱交易，但是缴税的时候必须把铜钱换成银子，由于银子价格看涨，以前一千个铜钱换一两银子，现在可能要一千六百个、一千八百个，无形之中加重了老百姓的负担。

农民负担加重又会导致国内市场萎缩，老百姓没有余钱用来消费。当时很多有识之士都意识到这个问题，林则徐是其中最为杰出的一个人物。林则徐曾上书道光：现在江南一带商业日益疲软，明察暗访之下才知道，百姓的钱大多用于购买鸦片了。

也正是在林则徐的强烈坚持下，道光下令大力禁烟。

经济的损失不说，鸦片对中国人最直接的危害是侵蚀人的精神和肉体。吸鸦片的人越来越多，颓废之风越来越重，许多官员加入吸毒者行列，官风日益倾颓。当官的吸毒，难免会贪污渎职；百姓吸毒，肯定没法从事劳动生产。到道光十五年（1835年），保守估计，全国吸食鸦片的人达到两百万。

最可怕的是军人吸食鸦片，军队是最讲究纪律和斗志的，一支充满烟鬼的军队还能称为军队吗？能指望这些人保家卫国吗？

林则徐发出疾呼：再不禁烟，国家就要亡了！

虎门销烟

道光元年（1821年）就开始禁烟，不过力度不大，没有多少效果。

道光九年（1829 年），制定了更为严厉的禁令。外国商船进港后，必须写明“并无夹带鸦片”的字条，交给洋行的商人，随后，经过海关查核，确实没有鸦片方可放行。这些禁令有用吗？有，但是作用不大。道光比他的前辈们下的禁烟令都多，但偏偏道光时期鸦片走私最为严重。

当时朝中分成两派，一派认为吸食鸦片的都是游手好闲之徒，这些人吸食鸦片不会对国民经济造成多大的损害，这部分人过分强调鸦片贸易造成的白银流失问题，主张大清自己种植鸦片，不从国外进口，这派人物以许乃济为代表。还有一派坚决主张禁烟，认为鸦片非禁不可，要严惩吸食者，等禁到无人去买的时候，自然就不会出现白银流失的问题，这一派以给事中黄爵滋为代表。

黄爵滋特别指出，西方国家虽然贩卖鸦片，但它们自己的国民却不吸食，因为它们对吸烟者有非常严厉的惩罚措施。所以，我们最好是把吸烟者处以极刑，虽然不必全部处死，但最好杀一批，起到杀鸡儆猴的作用。

黄爵滋的主张是最为极端的，因为在此以前，还没有哪个皇帝要对吸烟者处以死刑。黄爵滋的观点出来以后，很多官员反对，有的官员是出于人道精神，更多的则是跟鸦片走私有这样或那样的关系，有的是家人或亲戚中就有吸烟者。

反对黄爵滋的人认为行法治就得公平公正，如果吸食鸦片的人应该判处死刑，那么贩卖鸦片、开烟馆的人又该如何论罪？本来吸食者是禁烟环节中的末端，不应该处以这么严重的刑罚。用现代的法律精神来看，这个观点也是有道理的，吸烟者是犯错，贩毒者是犯罪，犯错的被处死，犯罪的反而轻判，于常理不合。

林则徐在禁烟问题上也是一个激进派，他非常赞同黄爵滋的意见，甚至补充说应当把贩卖鸦片和开烟馆的人一同治以重罪。林则徐把鸦片危害提高到亡国灭种的高度，也确实引起了道光的重视。

综合各方面意见后，道光制定了新的禁烟条例，主要内容如下：

一、走私鸦片的，不论走私量多大，一律处死。

二、对玩忽职守的官员和士兵以及内地奸商，一律严惩不贷。

三、对吸食鸦片的人，从严惩治，必要时可以处死。

四、对于失察、窝藏鸦片贩子的公职人员，根据情节轻重予以处罚。

禁烟令颁发后，一大批犯人受到惩罚，郭亚平是个大毒枭，多年来从事鸦片贸易，在海上负责接送、转运，牟取了巨额利润，道光十八年（1838 年）被处以绞刑。太监李秋澄身在宫禁，却吸食鸦片，被检举后，发配黑龙江为奴。

仅在湖北省，林则徐就缴获鸦片一万两千多两，烟枪一千两百多杆；在湖南收缴烟枪三千五百多杆；庆亲王奕窦和辅国公溥喜因为吸烟被革去爵位，并被罚俸两年。

道光禁烟的决心是非常坚定的，所以他重用林则徐。道光十八年（1838 年）十一月的一天，道光刚起床就召见林则徐。两天后，又召见林则徐，允许他在紫禁城内骑马，让他务必把禁烟的事情办好。经过仔细商讨，道光决定任命林则徐为钦差大臣，派遣他到广东亲自指挥禁烟事宜。

林则徐在京城待了十三天，道光召见了他十九次，赏赐他在紫禁城里骑马坐轿的特权，由此可见道光对禁烟一事的重视。林则徐接到任务后，风雨兼程地出发了。一路上，林则徐不辞辛劳地考察鸦片情况，询问当地百姓，研究鸦片蔓延到了什么地步。

林则徐是一个非常清廉正直的官员，凡路过的地方，他都吩咐地方官员在接待时一律不准铺张，更不准送礼。每到一个地方，林则徐就向地方官晓谕皇上禁烟的决心，让大家积极配合上面的政策。

在到达广东之前，林则徐就给两广总督邓廷桢和广东巡抚怡良发出机密公文，那是一份鸦片走私贩子的名单。林则徐让他们尽快抓到犯人，早日处决。钦差人还没到，禁烟行动已经开始，林则徐办事果然雷厉风行。

英国有一个鸦片大贩威廉·查顿，绰号叫“铁头老鼠”，在广东从事走私十几年。这一次，得到内幕消息，听说林则徐过来了，广东将有一场轰轰烈烈的禁烟运动，“铁头老鼠”赶紧溜之大吉。

道光十九年（1839 年）三月十日，林则徐终于到达广州，在越秀书院落脚。第二天，林则徐就命人在广州城四处张贴布告，向全城百姓宣布此次来广东的目的。一时间，关于林则徐禁烟的消息在广州城传得沸沸扬扬，有人拍手称快，有人心惊胆战，有人拭目以待。来到广州后，那些支持禁烟的人给了林则徐很大的精神支持，他们中很多人主动向林则徐提供情报。

林则徐不是一个凡客，他出手不凡，总能找出问题的症结，对症下药。他下令加强海防，搜缴外国的烟贩子。不久，在零丁洋海口发现了二十二艘外国走私船，每条船上都有一千箱以上的鸦片。林则徐既是一个性格刚直的人，也是一种做事讲究分寸和策略的人，他没有派兵直接搜捕英国商船，而是将鸦片全部收缴。

林则徐被认为是当年睁眼看世界的第一人，说明他多少了解西方，也许他不知道英国真正的实力，但是他可以肯定英国比国人想象的要强大。所以，他不会贸然挑起战争，如果直接扣押英国商船，搜缴鸦片，很可能会引发战争。

林则徐叫来十三行的人，让他们转告洋商，限期缴纳鸦片，并承诺以后永远不夹带鸦片，如果夹带的话，将没收所有的鸦片，还要将人犯正法。

林则徐对大家说："鸦片一日未绝，本大人一日不回去，誓与此事相始终，断无终止之理。"

让英国商人交出鸦片还得过他们商务监督这一关。英国商务监督查理·义律一向把中国的法令当成儿戏，这可能跟他长期与中国官员打交道的经验有关。所以，对林则徐的通告，义律敷衍塞责。义律的态度惹恼了林则徐，看来只能采取强硬手段了。于是林则徐下令逮捕拒绝交出鸦片的大走私犯颠地。义律得到这个消息后，立即带人从澳门赶到广州，掩护颠地逃走。

林则徐得知义律所为后，极为震怒。他下令把外国商船全部封起来，还调派水师封锁外国商馆。义律为此陷入困境，致信威胁邓廷桢，要采取相应的行动，同时致电清政府，要求允许他们离开广州。从头至尾，义律对鸦片一事只字未提。林则徐根本就没理睬义律，如果义律不让步的话，他会拿出霹雳手段。

面对强势的林则徐，义律只能低头屈服，但他的屈服是暂时的。义律被迫交出两万零两百八十三箱鸦片，林则徐对义律的“认罪”态度比较满意，觉得应该给他们一些补偿。凡是缴纳一箱鸦片的，补偿茶叶五斤。

林则徐把缴获的鸦片囤积在虎门海滩上，宣布要当众销毁这些鸦片。

销毁鸦片的当天，无数百姓前来围观，场面极为壮观。焚烟过程持续了三周，这一举动可以振奋那些憎恨鸦片的人，但却引起了我们所熟知的两次鸦片战争。

旧世界与新世界的战争

中英的这场战争从根本上说是为了利益，对于中国这个庞大的市场，英国商人垂涎三尺。

英国作为当时西方最先进的国家，一开始对中国的禁烟态度也很温和，如果因为禁烟就对大清发动战争，在道义上他们自己也觉得过意不去。试想，如果中国人在英国贩卖鸦片，那肯定也是会被查处的。

义律是主张对大清动武的，但英国的外交大臣甚至对驻华商务监督义律说出这样的话：“女王陛下统治的英政府，不支持不道德的商人。”女王的意思是让义律用和平的外交手段解决争端，不可以提到武力层面。

随后，英国政府获知林则徐因为鸦片贸易主张全面禁止与英国通商，这等于是将英国从中国市场赶走。对于欲望正处于上升期的资本主义来说，这是他们所无法忍受的。终于，英国国会发起投票，主战派占上风，战争就这样打响。

战争之初，清廷认为英国不过是蛮夷，对大清构不成威胁。

道光二十年（1840 年）六月，英国以懿律和义律堂兄弟为正副全权代表，带领英国远征军开赴中国海，率领十六艘战舰抵达澳门，总兵力有四千人。巴麦尊指示义律封锁珠江口以后，率领大部队北上，攻下舟山群岛。七月五日，英军袭击舟山市定海县县城，鸦片战争正式爆发。八月，英国舰队抵达天津的大沽口，主战派首领道光帝看到英国舰队来势汹汹，立场发生了动摇。

义律给道光递交了一份国书，要求允许通商并惩办林则徐。道光让琦善南下广州与义律谈判，琦善虽然同意惩办林则徐，但是在通商一事上没有给予义律满意的答案。10月，林则徐和邓廷桢被革职。但是在通商问题上，谈判并没有取得实质性的进展。义律因此失去耐心，决定打完了再谈判。

1841年1月7日，英军事先没有发出战书就袭击了虎门的炮台，清军死伤七百多人，损毁船只十一艘。面对失败，琦善不得不做出让步，与义律签订了《穿鼻草约》，该条约规定将香港本岛及港口割让给英国，但英国必须向中国政府缴纳一定的税额；中国赔偿英国六百万两银；开放广州为通商口岸；英军撤军，归还定海。

这个条约是琦善和义律私人签订的，大清政府和英国政府都没有签字。英国政府对这个条约很不满，认为极大地损害了英国在中国的利益，女王觉得义律简直不可理喻，对中国人太好了，建议国会将其免职。

而道光帝也对琦善相当不满，认为他这是在出卖国家利益，下令将琦善革职抄家，同时派遣奕山、隆文和杨芳到广州指挥作战。清军在广东水师提督关天培的率领下，英勇作战，然而还是抵挡不了英军强大的火力。5月，清军全面溃退，广州附近的要地一一沦陷。奕山率领一万八千名清军退守城内，被迫与英军议和，签订《广州条约》，答应带领部队撤出广州，并勒索广州商家赔偿英军六百万两银。议和之后，奕山非常害怕，在道光面前，将这次惨败说成大胜。

不久，英国国会通过女王的提议，将义律免职，调任璞鼎查接替他。璞鼎查来了之后，先后攻占了厦门和鼓浪屿。10月1日，又攻陷定海，后来因为军中流行瘟疫，放弃了定海。在定海战役中，中英双方都损失惨重。1842年1月，英军又攻打台湾中部，被台湾兵备道姚莹和台湾镇总兵达洪阿击退。没过多久，英军又攻打吴淞口。

道光惊惧交加，任命奕经为扬威将军（即当时参战清军的总司令），率领两万精兵和英军作战。1842年春，奕经率领两万大军围攻宁波的一千英军，却被英军打得一溃千里，奕经本人侥幸逃了出来。随后英军长驱直入，攻占了上海和江苏镇江，把军舰停泊在南京的江面上。璞鼎查此时非常嚣张地对道光下了最后通牒：如果不接受英国提出的条件，将下令大炮轰击南京城。

此时，道光已经顾不得天朝上国的面子了，江山要紧，保命要紧，派人前去和英军谈判，接受英国的条件，签订了《南京条约》。《南京条约》是中国近代史上第一个丧权辱国的不平等条约，赔偿英国两千一百万两白银，割让香港岛。更过分的还在后头，《南京条约》有一些附加条约，这些附加条约完全无视中国主权，规定英国人与中国人如果发生纠纷，不受中国的司法审判，而由英国领事来审判；英国军舰可以停泊在五个通商港口；英国在五个商埠里可以建立租界，租界如同英国本土；中国以后提供给其他国家的利益，也应该同时给英国一份。

在《南京条约》中，中英双方对鸦片都只字未提。英国作为当时一个强大的国家，在正式的条约中不方便将鸦片写进去，英国当局很清楚，这么做的话必然会留下污点，而且会遗留下很多麻烦，见不得人的东西还是把它留在阴暗处。

让我们来回顾一下这场战争。

英国实际参战的兵力大概在七千人，加上一些辅助的和补给的不超过两万人。中国能够调动的兵力号称有八十万人，是英军的数十倍，然而在装备和组织上却远远落后于英军。中国军队的抵抗也不能说不英勇，像两江总督裕谦、广东水师提督关天培这样的高官都壮烈殉国。

在努尔哈赤时代所向无敌的八旗军怎么这么不堪一击呢？明朝末年，海盗头目郑芝龙指挥的海军就曾全歼荷兰舰队，后来荷兰舰队再次跟郑氏海军对战，又一次输给了郑氏。李约瑟认为，明代海军战斗力超过了欧洲国家的总和，而西方列强仅用短短两百年的时间就赶超了中国。

鸦片战争的失败是对中国落后于时代的惩罚。

第十四章　失败但不屈服

珠江沿岸，当地人又称为河南，跟省城广州隔河相对。这是一块人口稠密的地方，地皮非常宝贵，而且这里也是一块战略要地，占领了这里，可以封锁进入黄浦江的船只。英国人为了获得这块宝地，刚开始打算用重金购买，但是遭到了当地人民的强烈反对。诱买不成，英国人便想强行占有。

亡羊补牢

这次失败对道光的打击是沉重的，天朝上国的美梦第一次被打破。道光自幼接受的是清宫严格的家庭教育，祖先们文治武功的故事犹在耳边，和康熙乾隆等开疆拓土的雄主相比，他有一种沉重的耻辱感。

道光一向把天朝的尊严看得比什么都重，经过这次打击，一段时间内道光的情绪变得低落而消沉。但他毕竟是爱新觉罗的子孙，接受的家教都是励精图治、艰苦奋斗这些东西。所以，他努力从消沉中振作起来，认真反思这场战争。道光对西方世界的了解非常有限，我们不能期望他总结出什么深刻的教训，他意识到战争的失败是由于海防力量薄弱，这已经不错了。

海防废弛的原因是什么呢？道光有自己的看法：泥守旧制。防护弱是因为多年来一直固守旧制，从没有改变。所以道光得出结论：要想整顿海防，必先从革除旧制开始。

道光二十二年（1842年），道光对沿海各将军、副都统、督抚、提镇发出诏谕，要求各海口加强防御，因地制宜，进行变通，所有战船上的大炮和枪支，应该有增无减，而且要选择制造精良、方便实用的武器，各路水师也要加强训练。道光要求沿海的督抚根据岛屿进行布防，一切从实战出发，不能搞形式主义。

道光还让奕山根据美利坚合众国的造船图纸，同时结合英国兵船的式样，制作一些图纸，然后将图纸分发给沿海各省的督抚。

除加强武器的制造之外，道光还要求各省把水师作为重中之重，提拔一些能干的将领，淘汰一些不堪胜任的官员。为了训练一批强有力的水师劲旅，道光节衣缩食，在给英国艰难赔款的情况下，尽量不减少水师的军费。可以不夸张地说，为了提高国防力量，道光是呕心沥血，苦口婆心，希望各级将领能以国家利益为重，矢志报国。

这一切，道光都是在悲愤中完成的，虽然他不是一个出色的皇帝，却也是宵衣旰食、用心良苦。他所做的这些改变虽然是亡羊补牢，但也确实是力所能及的改革，而这些并不能改变清王朝衰落的命运。清王朝毕竟落后于时代，不懂西方先进的科学技术，更不懂西方的制度，所以道光的改革效果并不明显。

鸦片战争以后，道光的禁烟态度依然没有改变，仍然主张严禁。道光虽然态度坚决，但是禁烟的力度已经大不如前了，没有谁认真执行。鸦片贸易呈半公开状态，沿海的一些官员睁一只眼闭一只眼，大家都怕再次挑起战争。

道光二十四年（1844 年），英国输入中国的鸦片有两万八千六百六十七箱；道光二十六年（1846 年），有三万四千七十二箱；道光二十八年（1848 年），英国输入的鸦片有四万六千箱；道光三十年（1850 年），达到五万两千九百二十五箱。数目如此庞大，而且全是以走私的形式进入中国，与其说是走私，倒不如说是明目张胆地进来的。这对于极力主张禁烟的道光和林则徐来说是一个巨大的讽刺和打击。

抗击侵略中的一桩冤案

《南京条约》签订后，璞鼎查强行占领了鼓浪屿，借口等候清军释放英国战俘。随后，璞鼎查制造了台湾府冤案，诬陷台湾清军杀害了英军战俘。

事情是这样的。签订条约时，浙江被俘的英军大多已经释放，英军侵略台湾时，有一百多人被台湾军民俘虏，这些人一直被拘留在台湾府。当璞鼎查派人去台湾府索要俘虏时，台湾兵备道姚莹正告英军使者：在台湾府有一百三十多名英军俘虏，有的已经病死，有的已经按照中国的法律被处死，目前只剩下九个人，再加上因为刮了台风被台湾军民救起的二十五人，总共有三十四人。

姚莹将俘虏交给英国使者，使者非常感激，和姚莹等人在船上饮酒表示欢庆。本来是皆大欢喜的一件事，但是使者回去告诉璞鼎查后，璞鼎查非常不满，听到有俘虏被杀，他诈称这些被杀的俘虏都是英国商人，要求清廷将姚莹和达洪阿正法，并赔偿抚恤金给死者家属。

道光得知此事后，让怡良前去调查，怡良受耆英指使，故意诬陷达洪阿和姚莹，制造了一起冤假错案。

事实上，在鸦片战争中，台湾这个小岛是为数不多取得胜利的地方。所以，英国人一直对姚莹和达洪阿耿耿于怀，恨不得除之而后快。

道光对达洪阿和姚莹两人是非常感激的，在清军一边倒的失败中，是他们多少为清廷挽回了一些尊严。本来璞鼎查诬陷姚莹和达洪阿这件事不会引起什么大的风波，一查就清楚，但由于这两人是耆英的对头的亲信，耆英正好借着这个机会弹劾姚莹和达洪阿杀良冒功。

怡良奉耆英之命整姚莹和达洪阿，虽然没有找到证据，但也要给他们治罪，以钦差大臣的身份让人把他们捆绑起来。台湾府军民闻讯，群情沸腾，跑到怡良面前申辩，要求他明察。

道光未必知道耆英要整这两人，不过他还是有正常理智的，他知道这两人都是抗英的功臣，因为他们英勇作战，为大清赢回了一些面子。道光对耆英等人说，英国人是绝对不会按照我们的要求处置他们的将领的，所以我们也不能这样做；再说了，在鸦片战争中，我军伤亡的将士更多，难道向英方要求赔偿，他们就会赔吗？

道光的话在情在理，但是迫于英方的压力，还是表面上责备了姚莹和达洪阿一番。风声一过，道光立即起用姚莹和达洪阿，虽然没有书面表态，但实际上是为这两人平反。

后来，咸丰登基后，公开为姚莹和达洪阿平反，指出是穆彰阿、耆英等人嫉妒他们的功劳，蓄意构陷，想置他们于死地。

支持民间抗英斗争

鸦片战争后，对英军恼恨的不仅是朝廷，百姓对英军为非作歹的行为也非常痛恨。在广东、福建等沿海省份，百姓加入了自发的反抗侵略者的行动。

战争结束后，英国侵略者以胜利者自居，在广州横行无忌，经常欺负当地人民。特别是在交易之时，他们仗着自己是胜利者，盛气凌人，经常和民众发生争执。有时候在街上买东西，讨价还价吵起来后，他们居然拿起东西就走人。他们上街的时候对民众进行呵斥，如果不让路就用鞭子抽，这些蛮横无理的行为激起了广州人民的激烈反抗。

广州人自古就有一股血性，清军失败之后，他们早就对清军的无能和英人的霸道极为愤慨，大呼：英国人侥幸获胜，还真以为中国人软弱可欺啊！一些被欺负的广州人发出这样的喊声："英国人焚烧我们的房舍，奸污我们的妻子，杀害我们的父兄，此仇不共戴天。"

在反抗侵略者的过程中，广州人民体现出了高度的组织性和纪律性，他们组成一个个社团，当时称为社学。社学本是地主阶级办的书院，后来演变为团练和乡勇，在广州各县遍布。如果是平常时候，组织这种大规模的社团，清政府早就要过来解散镇压了，但这次情况不一样，他们针对的是外来侵略者。所以，清政府不但不阻止，反而积极支持。

道光二十二年（1842 年）十二月七日，一个英国士兵强买小贩陈亚九的橙子不给钱，陈亚九让英兵付钱，英兵非但不付钱，反而用刺刀划伤了陈亚九的胳膊。看到这种事情，围观的群众一个个义愤填膺，围住滋事的英兵，让他掏钱。英兵无奈之下，只好掏钱，接着逃了出去，跑到洋房，将门紧紧关闭。群众一路追着他，将洋房围得水泄不通。

楼上的英军看到这种情况，用砖头砸下面的群众。此举激起了广州人民强烈的愤怒，一个叫苏亚炳的乡民路过这里，问清原委后勃然大怒，带着民众到了十三行门口，用石头撞开大门。然后冲进去将房屋点燃，英军看房屋起火了，过来扑救。苏亚炳等人拔刀砍向英军，混战中，两名英兵当场身亡，苏亚炳等人也中枪倒地，其中有五位民众因伤重而亡。

火烧十三行之事很快就传到道光那里，道光点评说："广州人民这么做，实在是因为洋人傲慢无礼所致，跟寻常的闹事有所不同。"道光要求地方官员秉公办事，不可以偏袒洋人委屈民众。

璞鼎查要求广州巡抚赔偿，广州巡抚给璞鼎查的答复是："这事真没法赔偿，当时百姓万众一心，闹起来谁也制不住，如果阁下执意要触犯众怒，那后果不堪设想，连大清政府也控制不了。"璞鼎查无奈之下，只好放弃。

道光二十四年（1844 年），英国军舰驶入珠江口，又对清政府提出了六个过分的要求：一、英国人两年后可以在广州居住；二、英国人可以在广州河两岸建造洋楼；三、英国人可以在十三行开河截段；四、允许英国人在广州设立天主教堂；五、允许英国在广州设立领事馆；六、允许英国人在天津建造房屋通商。

清政府还没有给英国人答复，他们就在广州河一带勘察地段，对于这种行为，清政府能够忍受，广州人民却忍受不了。消息一出，广州各界联合起来，商议每个铺户捐出一个月的铺租，凑齐三百多万两银子，召集乡兵十万多人，准备和英国人大干一场，并给英国人一封公开信，称如果他们坚持这种无理的行为，将与他们决一死战。

英国人收到信后，吓坏了。英国人也许不怕道光领导的清政府，但是却非常害怕这些剽悍的乡勇，火烧十三行的事件已经表明为了维权这些人是不怕死的。

珠江沿岸，当地人又称为河南，跟省城广州隔河相对。这是一块人口稠密的地方，地皮非常宝贵，而且这里也是一块战略要地，占领了这里，可以封锁进入黄浦江的船只。英国人为了获得这块宝地，刚开始打算用重金购买，但是遭到了当地人民的强烈反对。诱买不成，英国人便想强行占有。

璞鼎查带着人到这里插旗划界，想强行占有这个地方，造成既成事实后，逼迫清政府承认。道光二十四年（1844 年）五月二十一日，双州书社几千名群众集体投书，控告英国人非法占有的行为。后来，广大群众又围住英国领事馆，要求领事给一个说法。英国领事先是推说不见，无奈群情汹涌，只好将河南租地一事叫停。

1847 年夏天，在广州的黄竹岐村发生了一起更大的纠纷。在鸦片战争期间，广州沿江的许多村子纷纷围起栅栏，算作一种自我保护吧！当时英国人上岸，只要不到村里闹事，村民都任由其自由出入。

战争结束后，也就是道光二十七年（1847年）夏天，一些英军乘船到黄竹岐村打猎。上岸之后，他们得意扬扬，看见漂亮的妇女就调戏，许多妇女吓得惊慌逃跑，英国士兵居然在妇女背后开枪射击，吓唬人取乐。村民们听到枪声，纷纷敲锣打鼓，附近各村的村民全都拿起武器冲了过来，将英军围住。英军顿时吓坏了，惊恐暴躁，企图拿枪吓唬村民。

这些彪悍的村民愤怒异常，当场杀死了六名英军，并将英军的尸体绑在石头上，沉入江底。其中也有一个村民被英军杀死。英军看事情闹大了，赶紧逃走，向英国领事报告。英国领事立即照会耆英，要求他严惩凶手。耆英吓坏了，立即把英军的尸体打捞上来，归还英国领事。但是新任的广州巡抚徐广缙支持乡民，对英国人说："自古以来，杀人偿命，天经地义，你们的人杀害了我们的乡民，我们乡民报复这是很正常的事情。"

迫于清政府高层的压力，徐广缙不得不做出姿态，处死了三个乡民。但是英方对这个结果还不满意，继续给耆英施压。没办法，耆英只好要求乡民们写一份保证书，保证以后永远不许杀害英国人，英国人这才平静下来。

广州民众抵制英军进城

中英贸易，在鸦片战争以前就已经有两百多年的历史。根据长久以来的规矩，英国人是不能随便进入广州进行贸易的，这里面有严格的规定。也正因如此，英国人对这种限制非常不满，认为中国人对他们不公平，看不起他们。

《南京条约》签订后，璞鼎查再次提出英国人可以自由进入广州，清政府认为英国人如果不带兵卒的话，可以进城谈公事。鸦片战争后，马礼逊担任英国领事，他在任上，多次请求允许英国人自由出入广州，但是没有结果。马礼逊去世后，马峨接替他。马峨再次提出这个要求，也没有结果。马峨离职后，德庇时接替他，同样提出这个要求。

德庇时看请求未果，在道光二十七年（1847年）春，居然率领十多艘军舰闯入广州河，占据十三行湾，让英军偷偷爬上中国炮台，将炮眼堵死，然后以先斩后奏的方式“坚请入城”。道光派耆英与英国人谈判，达成协议让英国人两年后入城。道光二十九年（1849年），德庇时回国，文翰接替他，再次把这事提出来。

耆英当时答应德庇时，允许英国人两年后入城其实只是缓兵之计，但是在英国人看来，说话就必须算数。他们直接将军舰开进内河，停泊在十三行湾下面，大有强行入城的姿态。

当时，负责广州事务的是两广总督徐广缙和广东巡抚叶名琛。徐广缙和叶名琛的立场是相同的，顺应民心，禁止英军入城。为此，他们增设炮台，加强防守，对众将士下令，如果英军强行入城，立即开火。

文翰得知徐广缙和叶名琛积极备战，便想出一个计策，让徐广缙和叶名琛过来谈判，然后将他们扣押为人质，逼迫清政府允许他们进城。徐广缙接到谈判要求，慨然允许。属下担心他的安危，劝他小心。徐广缙对水师提督洪名香说，没事的，如果他们扣留我，你们立即攻击英国船只，不要因为我在船上而有所顾忌。

徐广缙去了以后，双方还是谈不拢。文翰威胁说，如果不给出一个准确的进城日期，你徐广缙今天就别想回去。徐广缙说，进城之事是耆英答应的，自己是奉皇上的命令来广州，没必要履行耆英的承诺。

文翰对徐广缙使用了一切手段，最终毫无办法，只能送徐广缙回去。事后，文翰多次催问进城之事，徐广缙都以静候皇上的旨意婉拒。文翰办事不力，引起英国方面的强烈不满。

文翰也急了，说你们大清不能说话不算数啊！徐广缙义正词严地反驳，那是耆英跟你们缔结的契约，跟我没关系，如果你们非要进城，置全城愤怒的百姓于不顾，你们自己去跟百姓较量吧！

广州人民都是英勇爱国的，这一点文翰不是不知道。得知英军可能强行入城后，广州全城百姓立即动员，拿起武器，严阵以待。一时之间，十万名乡勇个个如临大敌，血气沸腾。到了晚上，乡勇四处巡逻，灯火通明。英国人看到这种场景，也吓呆了，文翰只好退让，暂时放弃入城的计划。

广州人民同仇敌忾的消息传到北京，道光深受鼓舞，对广州人民骁勇爱国的精神进行了高度的赞扬。在这多事之秋有这样的百姓，真是一种福气啊！

反抗英国人进城的斗争能够取得胜利，首先要感谢的是广州人民的团结和顽强，面对英国侵略者，能够保持士可杀不可辱的英雄气概。其次还得感谢徐广缙这样的抗英官员，没有他们的支持，百姓的底气不会这么足。当然，也不能忘记了远在北京城的道光皇帝，虽然他承受了巨大压力，但是他内心依然刚强，没有在精神上屈服于外敌。

这是衰落时代、国难时刻鼓舞人心的亮点，也是中华民族未来的希望所在，中华民族的优秀本色在广州人民身上表现得尤为突出。

第十五章　道光的后宫生活

道光登位如同祖父乾隆一样，无风无雨，顺理成章。在道光统治时期，皇室也还和睦，君臣之间也还融洽。从这个意义上来说，道光是幸运的，他不必像后来咸丰那样，饱受战乱之苦，连紫禁城也待不住，也没有感受到太平天国如洪水一般扑向清王朝。

后妃虽多，子女不丰

道光的妃嫔在清朝皇帝中算是比较多的，但是他的子女不是很多，这也是他不断充实后宫的一个原因。

在道光的妃子中，成年子女最多的是琳妃乌雅氏，虽然她进宫很晚，但是年轻漂亮，深得道光宠爱，接连为道光产下了三个儿子、一个女儿，而且都长大成人。为了奖励她，道光将她从贵人提拔为妃子。多子多福，道光逝世后，琳妃的待遇也是相当好的，她的孙子光绪当上了皇帝，虽然是个傀儡，至少说明她确实有福。

道光还曾宠爱过祥妃钮祜禄氏，就是她为道光生下了皇五子奕誴，她还为道光生下了两个女儿，其中一个夭折。祥妃一直活到咸丰末年。

彤妃舒穆录氏，虽没有生育皇子，但生下了三个女儿，两个女儿早殇。起初道光对她颇为喜爱，将她从贵人的身份逐步提拔为贵妃。没过几年，有一次她惹怒了道光，又被降为贵人。后来，咸丰、同治不断给她加封，临终前终于恢复贵妃的称号。

第一个为道光生下孩子的是那拉氏，嘉庆十三年（1808年），她为道光生下了长子奕纬，奕纬在道光十一年（1831年）去世。那拉氏因为给嘉庆带来第一个孙子，被提拔为道光的侧福晋。但道光对她并无多少好感，登上皇位后，她的身份还只是一个嫔。后来，还是太后提携，让道光晋封她为妃子。

得到道光宠爱的妃子相当多，她们中大多数没有子女，但很多人都受封了。这些妃嫔都非常可怜，帝王的宠爱犹如昙花一现，加上没有子女，她们一辈子在深宫里孤孤单单，如同守活寡。

我们再来看看道光的子女们。

皇长子奕纬是不幸的，作为长子，本来他是很有优势的，加上嘉庆特别喜欢这个长孙，他完全有理由活得更好、更开心一些。可惜，道光很不喜欢他，甚至到了厌恶的程度，据说他举止相当粗野，还有吸食鸦片的嗜好。而且他母亲地位太低，所以虽然贵为长子，活得却相当孤独可怜。

临死之前，他的身份还只是一个贝勒，更让人心酸的是这个爵位还是嘉庆封的。道光对他的冷落可想而知，更糟的是他没有留下孩子。论理，作为一个父亲，道光应该安排一个孩子过继给他，以免“绝嗣”，这在清朝皇室中很常见。但是道光什么都没做，可见父子之间感情的淡漠。

倒是咸丰皇帝有些兄弟之情，当上皇帝后，追封这位长兄为隐志郡王，还将永瑆的后人过继给他。

道光第二个儿子奕纲幼年夭折，第三个儿子奕继也是幼年夭折。四儿子奕詝，是孝全成皇后所生，也就是后来的咸丰皇帝。

皇五子奕誴比奕詝晚六天出生，但明显更淘气，小时候经常捉弄老师，长大后也不讲究什么礼仪。道学气息很重的道光自然不喜欢这个孩子，后来直接把他过继给弟弟绵恺。咸丰后来封他为惇亲王，奕誴逝世于光绪十五年（1889年）。

皇六子奕䜣比咸丰小一岁，是道光最为喜爱的儿子，也是道光唯一主动封为亲王的儿子。在立储的时候，道光在他和奕詝之间犹豫不决，奕䜣没有表现出一个帝王应有的大度和谦让，最终输给了奕詝，但道光破例留下两道密诏，一个是立奕詝为储君，另一个就是封奕䜣为恭亲王。奕䜣是近代史上的一个重要人物，正是他帮助慈禧太后发动政变，除掉了以肃顺为首的顾命大臣，从而建立了“太后垂帘，亲王辅政”的政治模式。

当然，后来慈禧太后一步步剥夺奕䜣的权力，却无法剥夺他对近代史的影响，正是在他的主持下，清政府放眼于世界，开展洋务救国运动，从一定程度上扭转了国家的衰败。奕䜣逝世于光绪二十四年（1898年），谥号忠，配享太庙。

皇七子奕譞在咸丰年间被封为醇郡王，他也曾参与北京政变，协助慈禧除掉肃顺等人。同治十一年（1872年），封为醇亲王，他的儿子载湉后来当上皇帝。光绪十年（1884年），奕譞成为军机处首席大臣，主持海军事务，然而也正是他，对慈禧巴结讨好，将海军军费挪来修建颐和园。光绪十七年（1891 年），奕譞去世。他死后王爵由第五子载沣承袭，光绪和慈禧驾崩后，载沣之子溥仪即位，载沣本人当摄政王。清王朝被推翻后，载沣隐居在北京，1951 年去世。溥仪后来投靠日本人，载沣非常生气，怒斥他是卖国的汉奸。

皇八子奕詥生于道光二十四年（1844 年），咸丰年间被封为钟郡王，同治七年（1868 年）逝世，没有留下儿子。

皇九子奕譓，道光二十五年（1845 年）生，咸丰年间被封为孚郡王，同治末年（1874 年）升为亲王，光绪三年（1877 年）病逝。

道光十个女儿有五个早夭，长大成人的五个公主寿命都不长，寿命最长的寿庄固伦公主活到了四十三岁。她们虽然贵为公主，其实并没有享受到正常人应该享受到的那种幸福。首先，由于身份特殊，她们不能追求爱情，只能由皇帝指定婚姻。这些婚姻大多带有政治因素，基本与爱情无关。其次，作为公主，她们不能和公婆住在一起，只能住在公主府里。公主要想和丈夫同房，还必须得先召额驸，这无疑让夫妻感情生分。

世人都羡慕宫廷生活，殊不知深宫寂寞远甚寻常人家，还是做一个平凡人好啊！

立储之难

道光得子比较晚，很晚才考虑立储的问题，这其实是一道二选一的选择题，只需在皇四子奕詝和皇六子奕䜣之间做一个选择。

道光始终犹豫不决，两人各有各的长处，很难做出决定。没办法，只好考考他们了。

某年春天，道光命令他们两人到南苑去打猎，看谁打的猎物多。这个测试对奕䜣是非常有利的，他就喜欢舞枪弄棒，驰骋田猎。奕詝对打猎不感兴趣，技术肯定好不到哪里去，怎么办呢？奕詝只好去请教老师杜受田，杜受田揣摩道光的心理，给奕詝出了一个计策。

这计策说白了就是不要拿自己的短处去跟别人的长处比。

比赛的结果没有悬念，奕䜣满载而归，奕詝却空手去见道光。道光忙问他这是为啥，奕詝答道："现在正是动物繁衍的季节，儿臣不忍心杀这些动物。何况儿臣本来就不喜欢打打杀杀的事情，是以空手而归。"

道光一听，捋须微笑："孩子，你心地仁厚，有君子气度啊！”

这一回合，奕䜣表面上是赢了，实际却输了，奕詝城府明显要深，技高一筹。

尽管这一回合奕詝赢了，但道光毕竟更喜欢奕䜣，所以并没有决定一定要将大位传给奕詝。道光很希望奕䜣能够再争口气，表现得比兄长要高明一些。一天，道光拿出两个盒子，一个是金的，一个是木的，让两个儿子挑选。奕詝平静地说："还是弟弟先来吧！"

奕䜣也不推辞，直接就把金盒抓进手中。这虽然是一件小事，却让道光确信奕詝更适合当皇帝，道光深受儒家传统思想的影响，认为一个帝王应该有虚怀若谷的气度。虽然奕䜣更有才能，但品德比不上奕詝，所以还是奕詝适合当继承人，尽管在内心里他一直为奕䜣感到遗憾。

还有一种传说，道光临终前让太监宣六阿哥进宫，当时奕詝正准备进宫给道光请安，得知此事，非常不安，立即赶到道光面前。道光睁眼一看，来的是四阿哥，不是六阿哥，眼睛一闭，说道："天意，天意啊！"当奕䜣进宫的时候，道光已经咽气了。

这个传说应该不是真的，清朝实行的是秘密建储制度，所以不存在皇帝临死前谁在身边就立谁。这个故事只不过反映了道光在立储问题上的矛盾心理。

类似的传说还有很多，经过艰难的抉择，道光还是做出了决定：皇四子继承大统，皇六子封为恭亲王。

道光在临死前召集军机大臣，把密匣交给他们，但是八个军机大臣没有一个敢接。为啥？原来奕䜣的生母静皇贵妃（形同皇后）早已知道其中内容，私下里让军机大臣不许接过密诏，静贵妃还买通了季昌芝，此人带头不接密匣，其他人也就不敢接手了。

道光虽然快死了，脑子还没糊涂，一看就知道是怎么回事。趁着还有最后一口气，拍着床板大骂："朕还没死，你们就不听话了！"没办法，大家只好接过密匣。

咸丰登基也是比较险的，所以他登基以后，对季昌芝非常排斥。季昌芝死的时候，他公开表示"不恤典"，朝廷不出一分钱治丧，这在正一品大臣中是绝无仅有的事情。

道光去世了，但是王朝的命运还在继续。我们知道道光跟他的父亲嘉庆一样，都是比较悲剧的皇帝，清朝的衰落并不是从他手中开始，却在他手中扩大。道光处在一个王朝衰落的转折点上，加上资质平庸，是不太可能改变王朝命运的。清王朝的弊病积累了近两百年，虽然在此期间经过雍正的整顿，起死回生了一次，但乾隆之后，问题更突出。两百年的问题和矛盾就像火山一样，难免有爆发的一天，可偏偏祸不单行，衰落之时半路上又杀出了西方列强。

道光身上悲剧的地方大家都能看到，但如果说道光是幸运的，有人会相信吗?

道光出生于乾隆年间，深得乾隆喜欢，仗着祖先们的文治武功，平庸的他可以坐稳金銮殿。他不必像皇太极那样靠权谋胜出，将兄弟们杀的杀、贬的贬；也不必像顺治那样，在一个强大的摄政王面前战战兢兢；他亦不需像康熙那样，那么小就谋划着除掉鳌拜这样的重量级人物；他甚至都不必像雍正那样，不明不白地登上皇位，然后对兄弟和功臣们大开杀戒。

道光登位如同祖父乾隆一样，无风无雨，顺理成章。在道光统治时期，皇室也还和睦，君臣之间也还融洽。从这个意义上来说，道光是幸运的，他不必像后来咸丰那样，饱受战乱之苦，连紫禁城也待不住，也没有感受到太平天国如洪水一般扑向清王朝。

所以说，他是幸运的。

第十六章　帝国烽烟四起

道光死后不到半年，洪秀全召集各路人马，在广西桂平北部金田村商议起义之事。两万人马齐聚金田，建立了太平天国，一个庞然大物就这样诞生了。清王朝虽然衰朽，毕竟百足之虫死而不僵；反清者虽然恐怖，毕竟领导的是一群非理性的民众。谁胜谁负，当时还真没人能看出来。

可怕的敌人

地方民众早期的一些动乱，跟后来的动乱相比，都不过是给帝国挠痒痒。

白莲教曾经把乾隆和嘉庆折腾得很惨，虽然最后被扑灭，但是到了道光朝又死灰复燃。道光末年，河南出现了一个叫朱麻子的人，这个人企图复兴白莲教，召集了几百人起义。朱麻子等人虽然被清军火速扑灭，但就像野火一样，是一个不好的开端。很多人打着白莲教的名义搞一些地下活动，“白莲教”是清廷统治者非常痛恨的三个字。

王朝衰落之际，过去已经销声匿迹的一些“妖孽”往往会再度复活，这不，天地会也冒出来了。道光十二年（1832年），台湾府嘉义县的天地会首领陈办、张丙等人率众准备起事，一时之间，台湾云集响应，将嘉义城包围得密不透风。清军大批将领被天地会杀害，一时间起义军膨胀过万人。

接着，便是清政府从全国各地向台湾府调兵，起义军虽然被镇压下去，但对于清廷的冲击是非常大的。

道光十五年（1835年），山西爆发了先天教变乱。这场动乱在嘉庆年间就开始酝酿，直到道光年间才爆发，虽然失败了，却给道光造成了不小的麻烦。所以，道光下令从严处罚作乱之人，凌迟、摘心、斩首的有一百多人。

从道光元年（1821年）到道光十五年（1835年），全国爆发的叛乱多达二百五十多次，叛乱如此频繁，足见当时清廷的衰败。但是道光没有想到，更可怕的敌人还在后头呢！

捻子正气势汹汹地向大清国涌来，在捻子身后是更可怕的太平天国，在太平天国背后，站立着一个疯狂的洪秀全。

先说说捻子吧！

捻子是民间一个秘密的社团组织，据说在康熙年间就存在，甚至有人说在明末就存在。捻子主要由手工业者和农民组成，在嘉庆年间，他们的活动开始频繁。捻子是北方的方言，意思是一伙人、一群人。嘉庆末年（1820 年），捻子在安徽、江苏、山东一带异常活跃，数十上百人为一捻，大的捻子甚至有几千人。很多私盐交易都是捻子在背后干的。

捻子令人恐怖的地方在于他们并不是一支专业的反清队伍，相反全是一些潜伏派，是民间广布的火种。平常的时候，他们看上去就像老实的农民、手工业者和商人，一到特殊时刻就摇身一变成为土匪。孙玉庭曾经向道光奏报捻子的危害，道光着令他查访缉拿，不过捻子的人数太多了，抓到几个首领对他们不构成任何损失。

道光二十五年（1845 年），捻党在直隶活动，白天横行，晚上打劫。清军前来镇压，和捻军在王家楼大战。此后又有许多小规模的战役，这些小打小闹的战役就像是热身赛。虽然由于清军的镇压，直隶一带捻子的活动暂告平息，但在道光二十七年（1847年），山东捻党又活跃起来，分批进入河南和直隶。这些捻子虽然没有对清军发动大规模的袭击，但是分散的无孔不入的骚扰更让人难受，不时发生官银被劫被盗的事情，搞得这些省份不得安宁。

从分散的捻子转化为有组织有预谋的捻军，是有一个过程的，这个过程就像是化学反应，需要催化剂。这个催化剂就是洪秀全领导的太平天国运动。

不容小觑的落第秀才

晚清历史上最不容小觑的人之一莫过于洪秀全了。

洪秀全是广东人，出身于一个耕读家庭。在中国封建社会有很多这样的家庭，一家人都在种田，供着一个有希望的孩子读书，指望这孩子将来有一天能鲤鱼跃龙门。

洪秀全从小就被寄予深厚的希望，所以我们应该理解，他的压力其实是很大的，自尊心也是较强的。据说洪秀全小时候读书还真不错，四书五经背得滚瓜烂熟，村里一些阅人犀利的老人都认为这孩子将来有出息，应该能金榜题名，步入仕途。

然而，现实是无情的，不知道是当时主考官有问题还是洪秀全天赋才学不够，考了三次连秀才都没考上。第三次落选之时洪秀全已经二十五岁，老大不小了，还是个单身汉，连个“文凭”也没有，更不用说工作了。

这次落第给了洪秀全一个沉重的打击，回家以后他就病倒了。这一病居然改变了他的命运，在梦中他好像神游了一趟基督教的天堂。洪秀全曾经在第二次落第之时，发现了一本《劝世良言》的小册子，书中宣扬的全是基督教的思想，当时洪秀全心情非常低落，正需要这种东西寻求精神上的安慰。

病好了，洪秀全却“疯了”，他逢人便说自己是耶稣的兄弟，是上帝让他下凡斩妖除魔。这下，洪秀全犹如醍醐灌顶，把儒家的四书五经全扔了，发誓从此不考科举，要宣扬基督教。这时，洪秀全连《圣经》都没摸过，所有关于基督教的思想都来自那本《劝世良言》。

洪秀全告诉大家：“现在人心败坏，政治腐败，不久老天就会降灾于这个世界，只有信仰上帝才能避免灾难啊！入了上帝教，不分男女，所有人都是平等的。信不信由你们，反正我是信的。”

乡亲们问他：“你就这么肯定？”

洪秀全表情沉重地说：“是的，非常肯定。因为上帝是我爸爸，耶稣是我哥哥，他们让我下凡来了，来拯救你们这些受苦受难的同胞。”

你还别说，真有很多人信他，受苦受难的人实在太多了。第一个相信他的是洪秀全的表弟冯云山，他很快成了洪秀全的得力助手，跟着表哥一起宣讲。

洪秀全到广州进行宣讲后，效果不是很好，广州是个富裕的城市，劳苦大众没有穷乡僻壤多，大家无心此事。最后，这兄弟俩学乖了，跑到山区去，获得了极大的成功。经过两年多的宣传，终于吸纳了两三千名教徒。道光二十七年（1847年），洪秀全正式成立“拜上帝会”。

直到此时，洪秀全心里可能还没有起事的想法，否则他不会跑到家里著书立说。如果说洪秀全这是奠定理论成果，为后来的太平天国制定方针政策，那也不对，从他后来的表现看，洪秀全并不是这么深谋远虑的一个人。他要真有这种智慧，也不至于后来把太平天国弄得那么糟。

不幸的是，道光二十七年（1847年）十二月，冯云山被捕入狱。后来，拜上帝会的人把冯云山救了出来。洪、冯二人回到了紫荆山，让洪秀全感到欣慰的是，拜上帝会的教徒已发展过万人。这还是次要的，更重要的是拜上帝会团体里已经人才济济，杨秀清、萧朝贵、韦昌辉、石达开这些人都是在这时加入的。拜上帝会也不仅仅局限于广东，在广西也得到迅速发展。

反清的念头可能就是在这时开始的。洪秀全知道，天无二主，清廷是不会容许拜上帝会发展下去的，到最后必然分出个胜负。这段时间，洪秀全也在积极筹划武装叛乱的事情。动乱还没有爆发，道光就已经去世。

这场对战注定要由道光的儿子咸丰来完成，咸丰当然不是洪秀全的对手，不过咸丰手中有一张克敌制胜的王牌——曾国藩。鹿死谁手我们已经知道，洪秀全终究不是传统士大夫曾国藩的对手。

道光去世不到半年，洪秀全召集各路人马，在广西桂平北部金田村商议起义之事。两万人马齐聚金田，建立了太平天国，一个庞然大物就这样诞生了。清王朝虽然衰朽，毕竟百足之虫死而不僵；反清者虽然恐怖，毕竟领导的是一群非理性的民众。谁胜谁负，当时还真没人能看出来。

下一本书我们将展现太平天国的全貌，再现真实的洪秀全和他手下那些将领，为您揭开太平天国风云背后的血腥与争夺。

清朝皇帝列表

（清建国于 1616 年，初称后金，1636 年始改国号为清，1644 年入关。）

姓名	庙号	年号	年份	陵墓
爱新觉罗·努尔哈赤	太祖	天命	1616	福陵
爱新觉罗·皇太极	太宗	天聪　崇德	1627　1636	昭陵
爱新觉罗·福临	世祖	顺治	1644	孝陵
爱新觉罗·玄烨	圣祖	康熙	1662	景陵
爱新觉罗·胤禛	世宗	雍正	1723	泰陵
爱新觉罗·弘历	高宗	乾隆	1736	裕陵
爱新觉罗·颙琰	仁宗	嘉庆	1796	昌陵
爱新觉罗·旻宁	宣宗	道光	1821	慕陵
爱新觉罗·奕詝	文宗	咸丰	1851	定陵
爱新觉罗·载淳	穆宗	同治	1862	惠陵
爱新觉罗·载湉	德宗	光绪	1875	崇陵
爱新觉罗·溥仪		宣统	1909	华龙陵园

图书在版编目(CIP)数据

这才是清朝. 6，盛世危机 / 鹿鼎公子著. —2版. —北京：中国法制出版社，2023.6

ISBN 978-7-5216-2907-1

Ⅰ. ①这… Ⅱ. ①鹿… Ⅲ. ①中国历史—清代—通俗读物 Ⅳ. ①K249.09

中国版本图书馆CIP数据核字（2022）第173574号

策划编辑：胡　艺（ngaihu@gmail.com）

责任编辑：马春芳　　封面设计：汪要军

这才是清朝. 6，盛世危机

ZHE CAI SHI QINGCHAO. 6, SHENGSHI WEIJI

著者 / 鹿鼎公子

经销 / 新华书店

印刷 / 三河市国英印务有限公司

开本 / 880毫米×1230毫米　32开　　印张 / 7.5　字数 / 138千

版次 / 2023年6月第2版　　2023年6月第1次印刷

中国法制出版社出版

书号ISBN 978-7-5216-2907-1　　定价：39.80元

北京市西城区西便门西里甲16号西便门办公区

邮政编码：100053　　传真：010-63141600

网址：http://www.zgfzs.com　　编辑部电话：010-63141815

市场营销部电话：010-63141612　　印务部电话：010-63141606

（如有印装质量问题，请与本社印务部联系。）